野草がおいしい

おきなわ野の薬草
基本料理レシピ

大滝百合子

ボーダーインク

はじめに——なぜ野草料理なのか？

手軽に採集できるのが魅力。

私はだいたい週に4、5日、薬草や野草を食べる。日差しが強く葉が固くなる夏場は少なめだが、柔らかくておいしそうな葉が次々と顔を出す季節になると、自然とまた野山に通うようになる。

薬草や野草はわざわざ摘みに行くこともあるが、かばんにナイロン袋を忍ばせておいて出先でたまたま見つけた野草もちゃっかりと採集する。

沖縄では小さな原野がまだいたるところにあるので、出かけるたびに何かしら採集できる。そうして見つけた採集場所を頭に入れておき、あそこにあれが生えていたなあと再度その場所を訪れたりする。食べられる野草を自分の足で集めるのはとても楽しい。野草を根ごと採ってきて庭で育てて食べるのもとても楽しい。それでつい採りすぎてしまっても、野生の植物は腐りにくいので、何日も、ときには何週間もかけてほとんどすべて食べ尽くすことができる。

けれども、自然が好き、野草が好きというだけで、こんな食事を長年続けてきたのだろうか？ いや、ほかにもっといろいろな理由があるのだ。

栄養豊富で薬効もあり、健康に良い。

私は自分でいうのもなんだがかなりの健康志向で、舌が肥えていて味にうるさい。私の料理の腕は別として、野草食は長年私の期待に応えてくれているのだ。

まずなんと言っても、野草の生命力あふれる体に含まれている豊富な栄養が魅力的だ。踏まれても刈られても引き抜かれても再びよみがえるなかで蓄えられた養分こそが多くの場合、野草の薬効の源になる。

一般の薬と違って多くの野草は栄養を与えることで体を元気にし、機能を高めることで病気を治す手伝いをする。だから、誰もが食べて健康増進できるし、普通の野菜と違ってちょこっと食べればいいのである。

なにしろ病気を治すくらいの力を持つのだから、逆に一度にたくさん食べ過ぎるのはよくない。量的には普通の野菜の三分の一程度でよいと言われている。生活習慣病に悩む野菜嫌いの人にとってこれはグッドニュースではないだろうか。

肉や魚を食べるときはその三倍の野菜を食べなさいと昔からいわれるが、野草なら同量でよいので本当に楽である。

栽培が簡単で、農薬も必要ない。

さらに野草は無農薬であるという点でも健康的である。私は野山から植物を根ごと採ってきて栽培したりするが、その場合も農薬なしでも虫はつかないし、肥料なしでも粗悪な土ですくすく育つ。

土が硬くなっても、地植えならまったく水をあげなくても大丈夫。あまりにも過酷な環境だと収穫量は減るかもしれないが、一応食べられる。

逆に肥料をあげすぎると葉が大きくなって面積あたりの栄養価は下がり、味が薄くなる。そのほうが食べやすいという人はそれでよいかもしれない。

野草は枯れることなく（大体の場合）、ありとあらゆる環境に姿を変えて適応する。

たとえば、太陽の光を浴びて元気に育った葉を炒め物や煮物に、北向きのベランダで育った柔らかくて薄い葉をサラダにという使い分けもできるのだ。

余談だが、室内で育てると葉が黄緑色になり、おしゃれな雰囲気の観葉植物になる。

いずれにしても、栽培の苦労はなく自由自在に操れる魔法の植物、それが野草なのだ。

一般の野菜にはない風味があり、食卓に変化をもたらしてくれる。

そしてもうひとつ、私を引きつけてはなさない野草の魅力はその味である。野草の味というと、苦ーい、青くさーい、ぴりっとするなどといって嫌がる人もいる。正直私も葉をそれだけで食べたときにはそう思う。けれども、他の食材と合わせて食べたときに、一般の青菜料理では経験したことのない新鮮な味のハーモニーを体験することができるのである。

ほとんどがアブラナ科に属する一般的な青菜と異なり、野草はさまざまな科に属している。しかも、改良されていないので、原種に近い。それが野草の味が個性的でバラエティーに富んでいる理由だろう。野草は新天地を求める青菜グルメをうならせるだろう。

そして、その個性的な味はハーブや薬味のように楽しむこともできる。特に魚料理や肉料理では臭みをとって味に変化をえるためにハーブや薬味がよく使われるが、ここでも野草が大活躍する。しかも野草なら、先に触れたように、魚や肉の三倍の量という野菜需用も同時に満たせるのである。

このように、基本的にタダである野草は、健康志向で味にうるさいのにお金がなく面倒くさがり屋の私に恵みを与えてくれるのである。

皆さんにも野草を毎日の料理に取り入れて活用してもらいたいと思って書いたのがこの本である。

この本ではより野草が使いやすくなるよう、そして、野草がおいしく感じられるよう、次の三点に気をつけてレシピを考案した。

それぞれの薬草の基本的な料理パターンがわかり、自分なりのアレンジもしやすいレシピを掲載。

私がこの本に託した一番の願いは、ホウレンソウのように、野草を毎日の食卓に取り入れてもらうことである。

ホウレンソウを目の前にしたら、多くの人は「とりあえず茹でておひたしにしようか」「バター炒めにするとおいしいよね」「あまったら豆腐と味噌汁にしよう」といった料理パターンを即座に思い浮かべるだろう。けれども、野草を前にしても頭の中が真っ白になってどうしたらいいかわからないという場合がまだほとんどだ。

確かに野草の本をみると、茹でて食べるとか炒め物にするとかといった記述があるが、これだけの情報では料理に使うのはまだ怖いという気持ちはわかる。かといって複雑な料理レシピでは野草の基本的な使い方が頭に残らないし、自分なりのアレンジもしにくい。

というわけで、本書では極限まで簡単にした料理レシピを載せることで、それぞれの野草の基本的な料理パターンを提示することを心がけた。

もちろん、昔の文献を参考にしたり、私の経験からひねり出したりしたものなので、これですべてとはいえない。ほかの食材と同じように、野草の料理のしかたにも未知の可能性がある。けれども、とりあえずはこの本を足がかりにして、この野草ならこの料理ねと手が勝手に動くような料理のレパートリーを一つでもつくっていただきたいと切に願っている。どの食べられる野草にもフーチバージューシーのような県民的レシピが生まれたとき、私たちの食卓は身近な自然とのつながりを取り戻すだろう。

レシピの材料は野草以外は通常家にあるものばかりで、作り方もとても簡単。

野草を食卓に取り入れやすくするためにレシピ作りで

気をつけたことがもう一つある。それは野草以外の食材をニンジン、タマネギ、ジャガイモなどの家に最初からありそうな食材や近くのスーパーに行けばいつでも手に入りそうな食材にしたことだ。調味料は自然で健康的なものを使っているが基本的なものばかりで種類は少なめである。とにかく野草以外の材料を手に入りやすいものにするよう心がけた。

なぜかというと、野草はヨモギなどスーパーで売られている一部のものを除いていつ手に入るかわからないからである。レシピの材料の中で一つ手に入らないものがあるなら、それが手に入ったときに作ればよいが、手に入らないものが二つあったら、これは作れないわね、とあきらめる人も多いだろう。

というわけで、たまたまある野菜が手に入ったときに問題なく作れるように野草以外の材料は入手しやすいものにしたのである。もちろん、作り方はどれも簡単なので、旬の食材などを取り入れて自分なりの味を作って欲しいと思う。

野草の味を隠すのではなく、野草の味を生かし、野草がおいしいと思えるレシピを掲載。

最後になるが、野草の味が好きな私にとって野草料理のレシピはやはり野草の味を隠すものではなく、野草の味を生かすものでなきゃと思っている。

野草は食卓に変化をもたらしてくれる貴重な食材だ。栄養たっぷりだからカレーやハンバーグに紛れさせてがんばって食べようというけなげな努力が悪いわけではない。けれども、「あ、美味しい！　野草の味ぜんぜんしない！」という褒め言葉をいただくのは私にとっては悲しいことである。

できれば、「オリーブオイルと合わせるとニガナおいしいね」とか「センダングサといっしょに食べるとシシャモおいしいね」とか言って欲しい。野草がよりおいしく感じられ、野草により、より美味しくなる、そんなレシピを集めようとがんばったのが本書である。

この本を通して野草の味が好きになる人が一人でもいますように。

大滝　百合子

contents

薬草採集のポイント

薬草を安全に採集し活用するためには、覚えておくべきいくつかのポイントがあります。同じ薬草でも採り方によって薬効はかなり違います。一番効果のある薬草を採るためにもこれらのポイントは大切です。

1 農薬、除草剤、排気ガス、犬のフンを避けて採る。

街中に住んでいる人にとっては公園や道端が薬草の主な採集場所になりますが、公園の場合は通路からなるべく離れたところ、道端の場合は車道から最低50センチ以上離れたところで採るようにしましょう。田舎に住んでいる人は畑の近くで採集する際に農薬や除草剤がかけられていないか注意しましょう。季節と関係なく異常な枯れ方をしている植物や突然変異を起こしている植物が近くにある場合はその危険性があります。いつも採る場所をある程度決めておくと楽です。さらに、少量しか必要ないなら自宅の庭に生やすという手も。実際、私の庭は雑草だらけです。手入れフリーで用途多数の雑草ガーデンは最高ですよ。プランター栽培も簡単です。

2 生き生きした草を採る。

薬草の数が限られている場合は仕方がありませんが、豊富にあるなら迷わず一番立派な草を選びましょう。立派な草とは、色が濃く、肉厚で、ピンと張ってみずみずしく、香り高いものです。ただし、大きすぎてゴワゴワしたものは成長しすぎで栄養的には下り坂です。小さめのものは柔らかくておいしく、食用には向いていますが、栄養的にはピークではありません。花のある植物の場合は花の咲いている時がその植物に最も適した季節なので、花の時期に葉を採りましょう。何回か採集に出かけるうちにだんだんとその薬草の季節が分かってくるようになりますし、そうすれば、一年を通して時期に合った最も効果のある薬草を採集することができるようになります。

3 薬草に話しかける。友達になる。

私の尊敬するハーバリスト（薬用ハーブ愛好家）にアメリカ人のスーザン・ウィードという人がいます。彼女は草を採る前に、まず、その草に向かって「採っていいですか？」と話しかけます。そして、お許しが出たら今度は、「私に力を与えてください」と唱えながら草を採るそうです。こうして薬草を人（妖精？ 精霊？ 神様？）とみて話しかけることで、彼女と薬草は友として信頼し合い、薬草は彼女に対して力の限り尽くしてくれるのです。私はスーザンの言う、「草と人の間の心のつながり」を信じています。食べたり、飾ったり、草の上に寝転がったりして薬草と仲良くなりましょう。

4 採ったらすぐに使おう！

身近な薬草の最大の魅力はその新鮮さです。新鮮なうちにお茶にしたり、アルコールやオイルに漬け込んだりして、生き生き成分を無駄にすることなく活用しましょう。熱を加える必要がなく、草の生命力をそのまま活用することができるアルコール漬けやオイル漬けは、生の薬草の効果を最大限に引き出せる方法です。けれども、もし、薬草を採りすぎて使い切れない場合は、すぐに乾燥させてしまいましょう。

5 同じ場所で採りすぎない。

せっかく薬草の生えているところを見つけても、根っこから引き抜いてしまったら、次に生えてくるまでかなり時間がかかります。けれども、葉っぱや茎を少量採るだけなら全体の生命に何の影響もないどころか、切り口からみずみずしい赤ちゃんが生まれるきっかけになります。私は草を大切にするあまり庭の草を伸び放題にしておくことがありますが、葉が成長しすぎて固くて食べられなくなったり、背が高くなりすぎて根元の低い草が枯れたりします。草と人間には、「採りすぎない、採らなさすぎない」という適度なコミュニケーションが必要なようです。一般には、一年草なら3分の1くらい、多年草なら3分の2くらいまで採取してよいといわれています。

毒草について

野生の薬草を採取するときに気をつけなければならないものの一つに毒草があります。毒草にはトリカブトやジギタリスのように、重症の場合、意識不明や死亡にいたる猛毒から、大量に食べると食欲低下が起こる程度のものまで、その毒性には差があります。これらすべてを含めた身近な毒草は150～200種にのぼるといわれています。

毒草の作用としては一般に麻痺、頭痛、めまい、けいれん、脱力感、手足のしびれ、腹痛、下痢、嘔吐、血圧降下や上昇、口の中のひりひり感、呼吸減少、呼吸困難、心不全、血便、血尿、じんましん、生汁によるかぶれや水ぶくれなどが見られます。

薬草を口にして重い症状が現れた場合は、のどに指をつっこんだり、塩水を飲んだりしてできるだけ吐き出してから、すぐに病院に行きましょう。家庭での応急処置として植物毒を体内から洗い流す緑豆（多くのスーパーで入手可）の粉を水で飲んだり、煮て食べたりすることもできます。

【毒草を避けるためには】

●初めて見る植物は安全を確かめるまで口にしないこと。他の人が食べていれば最も安心なのですが、一人で薬草の勉強をしている人は特に注意。

●普段採集しない場所で採ったものについても慎重に確認作業を行いましょう。

●少量口に入れて20分待ち、何の症状も起こらないか確かめましょう。

●採集時にほかの知らない植物が混入していないか十分に確かめましょう。畑や花壇で栽培したものを収穫する際も野生の見知らぬ植物が混入する可能性があります。

●お茶にして飲んだり、食卓に並べる時も、一度に大量を摂取するのは控えましょう。

●料理をする際になるべく何でもゆでて水によくさらす下準備を行うと、万が一毒草であった場合に被害が少なくてすむことがあります。

また、子供の前で不用意に薬草を採る現場を見せると、子供は真似をして、どんな植物でも食べ出す恐れがあります。特に小さい子の場合は言っても聞かず、大人が見ていないところで食べる危険性があります。食べられる草について教えるときには子供の年齢と判断力を十分にわきまえましょう。

有毒でも薬草としてリストされている植物も数多くあり、沖縄ではソテツがその代表といえるでしょう。ソテツは消化不良や咳止め、痔や止血などに効く薬草であり、飢饉時の救荒食としても活用されてきましたが、毒性があり、口にするには特別な処置が必要です。

野草がおいしい

おきなわ　野の薬草 基本料理 レシピ

01　体がポカポカ温まる

ヨモギ

DATA

科名：キク科

方言名：フーチバー、ヤツーウサ、ヤタフツィ、フツ

別名：モチグサ、カズサキヨモギ

主な効能：痛み、冷痛、出血、皮膚病、婦人病

特徴：若い株は草丈10～20センチの多年草。茎に交互につく5～10センチの楕円形の葉にはシュンギクのような粗い切れ込みがあり、裏面は白く柔らかい毛でびっしりと覆われている。花の時期が近づくと枝分かれが始まり、背丈が伸びて1メートルほどになる。葉の亀裂は深くなり、別人のように。薄い茶色の小花を穂状に咲かせるが、花粉が風によって運ばれるので、ヨモギ花粉症を引き起こすことも。

生育・採集場所：山野や野原、畑、道端に自生。知名度が高いわりにはなかなか見つからないが、生えているところにはたくさん生えている。根気よく探そう。

食べ方：できるだけ柔らかい葉を選び、生かさっと火を通していただく。

私はラジオマニアだ。
昨日も比較的年配の方向けの番組を聴いていると、こんなお便りが読まれた。
「次から次へと庭に生えてくるドクダミの草むしりに追われています。でも、小さい頃、祖母がよくドクダミ茶を作ってくれました。それがとてもよく効くんです。久しぶりに作ってみようかな」
こんなお便りに触発されてか、翌日もこんなお便りがくる。
「70代女性です。小さい頃は友達と野山で遊んだ帰りにイタドリを噛んで喉の渇きを癒やしたものです」
60代男性も参入する。
「昔は今よりクワの木がたくさん生えていて、甘酸っぱいクワの実がおやつ代わりでした」
こうしたやりとりは次の花の話題に移るまで丸三日間続いた。
私も「薬草」という言葉の含まれた本を書く身だから、この手の話題はもちろん好きである。けれども、もっぱら聴く専門だ。自ら話題を提供する気にはなれない。
何を隠そう、私は駅前商店街生まれの住宅街育ちなのだ。かろうじてクローバーの広がる空き地と生け垣の花々には恵まれていた。だから、そこから植物の息吹を感じていたかもしれない。
でも、日々草の素晴らしさを教えてくれる薬草ばあちゃんは周りにいなかった。そういうわけで、私にはちょっとした田舎出身コンプレックスと薬草ばあちゃんコンプレックスがある。

田舎＆薬草ばあちゃんコンプレックス

ところが、こんな私にも子どもの頃の薬草経験が一つだけある。
私の母方の祖母は田んぼの連なる田舎町に住んでいた。彼女はその頃流行っていた餅つき機でヨモギ餅を作るべく、ヨモギを採りに私を連れて土手に行ったことがある。土手には一面に草が生えていた。そのなかから瞬時にヨモギを選びとる祖母。私はなかなかヨモギの形を覚えられない。
「それはキクや。ヨモギはこんなん」
とヨモギの葉を見せる祖母。
私は、「同じや。どうしておばあちゃんはわかるんやろ」と思ったことを覚えている。
そして、私の採ったヨモギが何割かはともかく、外で摘んできたヨモギが餅つき機に入れらる。餅が緑色に染まる。それを食べたという経験は私にとっておそらく唯一の幼少期における薬草体験だった。
残念ながら、祖母が食べていた草はヨモギだけだった。
それでも、草を採って食べた、ということで、私の人生は90度は転換させられたかもしれない。
なぜなら、この祖母とのヨモギ収穫体験は、私の心の中でひときわさんさんと光輝き続けている思い出だからである。

グルクンのタイ風ヨモギいため

材料

〈2人分〉
ヨモギ……5束〜適量
グルクン……150g（ヨモギ酢に漬けこんでもいい）
酢……小さじ2
塩……少々
醤油……小さじ1
シークヮーサーなど……小さじ1/2
ナンプラー……小さじ1/2（オプション）
バジル……3〜4枚（オプション）

作り方

1 水気をふきとったグルクンに小麦粉をまぶし、フライパンで両面焼き色をつける。

2 酢、塩、醤油、シークヮーサーなど、ナンプラーをかけ、全体になじませる。

3 ヨモギ（お好みでバジル）を加えてまぜ、火を止める。

POINT

- お好みでバジルや生のヨモギを刻んでふりかける。
- ヨモギは「酸と油（と塩分）」に合わせるとタイ料理に！

ヨモギとバジルのアクアパッツァ

材料

〈2人分〉
ヨモギ……10g
バジル……10g
ニンニク……1〜2片（あれば）
白身魚……200g
ゴボウ・ピーマンなど好きな野菜
トマト……2個　またはトマト缶……1個
アサリ……8〜10個オリーブオイル……適量
水……1/2カップ

作り方

1 フライパンに油をしき、魚を水気をふいてから両面こんがり焼く。
2 野菜、トマト（またはトマト缶）、アサリ、みじん切りにしたニンニク、ヨモギを加え、水1/2カップを入れ、フタして強火で1〜2分。
3 アサリの口が開いたら、フライパンのフタをとり、魚をとり出し、ソースを煮つめる。
4 塩、こしょうで調味、オリーブオイルをまわしかけ、ヨモギ、バジルをそえる。

鶏肉とパパイヤの煮ものヨモギ風味

材　料

〈2人分〉
ヨモギ……10本
鶏もも肉1口サイズ……100g
パパイヤ……小1個
水……カップ1
カツオぶし
醤油……小さじ1
塩……ひとつまみ弱
酒……大さじ1
ショウガ（あれば）

作り方

1 カツオぶしでだし汁をとる。
2 だし汁にパパイヤのイチョウ切りと鶏肉を入れて煮立てる。
3 醤油、塩、酒、ショウガを加えパパイヤがやわらかくなるまで煮る。
4 ヨモギを加えてひと煮たちさせ、できあがり。鶏肉の上にヨモギを乗せる感じで盛りつける。

POINT

- 鶏肉の代わりに豚肉でも OK ！
- 「ヨモギをカツオ味と油に合わせる」という琉球料理スタイルのオリジナルアレンジのひとつ。
- このルールに従えば、具材は何にしてもおいしくなる！

ヨモギ入り手打ちスパゲッティ

材料

〈2人分〉
ヨモギ……約10g
強力粉……100g
薄力粉……100g
卵……2個
オリーブオイル……大さじ1/2
塩……少々

作り方

1 ふるいにかけた強力粉と薄力粉を混ぜ合わせ、卵を加えてヘラやしゃもじなどで切るように混ぜる。
2 ①にオリーブオイルと塩を加えて10〜15分ほど手でこねる。
3 みじん切りにしたヨモギを加えてさらにこね、1時間以上おく。（ラップにくるんで3日ほど保存可）
4 ③を2等分（またはそれ以上）に分け、打ち粉をした台の上で麺棒でできるだけ薄くのばし、1辺20センチの四角形に近い形にする。
5 ④をロール状にし5mmくらいの幅に切り、ほぐす。
6 たっぷりのお湯に塩を1つかみ入れて、麺がくっつかないように、菜箸で混ぜながら2分ほどゆでる。
7 ザルにあげて、すぐにオリーブオイルをまぶし、塩をかけていただく。

POINT

- ヨモギ以外の野草を使っても OK。
- お好みでトマトソースをかけたり、ペペロンチーノ風にしても。お好きなアレンジで。
- 野草の味が麺になじむので誰にでも食べやすいかも。
- 少々面倒なので、イベントの時にでも。

ヨモギ入りニョッキ

材料

〈2人分〉
ヨモギ……10g程度
ジャガイモ……2〜3個
強力粉……ジャガイモの1/4
塩……少々
トマトソース（トマト缶1個を塩ひとつまみ入れて5〜6分煮る）
オリーブオイル……少々

作り方

1 ジャガイモをゆで、熱いうちにつぶす。

2 ①にみじん切りにしたヨモギ、強力粉、塩を加えて手でよく混ぜる。

3 打ち粉をした台の上で生地を直径約2センチの棒状にのばし、包丁で2センチくらいに切る。

4 ③を塩を入れたたっぷりの湯で浮き上がるまでゆでる。

5 熱いトマトソースとオリーブオイルをかけていただく。

POINT

- 強力粉はつなぎなので多すぎないように。
- ゆであがったニョッキはザルにあげてオリーブオイルをかけておくとくっつかない。
- 手軽に手作りパスタを味わえる一品。もちもちしておいしい。
- 他の草でも試してみて！（「センダングサ入りニョッキ」参照） 草の量も加減して。いろいろなソースでも工夫できる！

ヨモギのトマトスパゲッティ

材料

〈2人分〉
ヨモギ……10g
トマト……大1個（またはカットトマト缶詰1個）
オリーブオイル……大さじ2
塩……適量
スパゲッティ……200g
コショウ（オプション）……少々
チーズ（オプション）……少々

作り方

1 ヨモギとトマトをみじん切りにして混ぜ、オリーブオイルと塩で和える。

2 ゆでたてのスパゲッティにかけていただく。お好みでコショウやチーズをふりかける。

POINT

- ヨモギがスパイスの役割をしているスパゲッティ。
- 寒い季節にはできあがりをレンジで温めるとさらにおいしく食べられる。

ヨモギのやわらジューシー（ぞうすい）

材料

〈2人分〉
ヨモギ……5g
豚ひき肉……50g
ごはん……1杯分
酒……大さじ1
カツオだし汁
味噌……小さじ1
醤油……小さじ2　（オプション）

作り方

1 ひき肉を炒め、お酒をふりかけ、炊いたご飯を加えて、ひたひたのだし汁で煮る。

2 しばらくしたら、ヨモギのみじん切りと醤油、味噌を加え少し煮る。

POINT

● さすが伝統の一品！ヨモギがおいしい！

ヨモギ入りリゾット

材料

〈2人分〉
ヨモギ……2つかみ（3～10g）
（小さくちぎる。固い茎はとりのぞく）
タマネギ……1/4個
バターまたはオリーブオイル……大さじ1
ごはん……2杯分（300g）
水……ひたひたまで
塩……適量

作り方

1 オイルでタマネギの薄切りをすきとおるまで炒める。

2 ヨモギを1つかみ分加えて軽く炒め、水を少量加えてフタをし、タマネギがやわらかくなるまで煮る。

3 ごはんを加え、ひたひたの水を注ぎ、水気が少なくなるまで中火で煮る。

4 残りの1つかみのヨモギを加えて軽く煮、塩で味付けをする。

POINT

- オニタビラコ、タンポポで代用可。
- ヨモギはやわらかい若葉を使う。
- 固めのごはんを使ってつぶつぶ感を出すほうがリゾットらしくなる。
- 時間があるなら、お米から煮るとさらにおいしくなる。その場合、タマネギとヨモギを炒めたあとすぐにお米を入れて炒め、水を入れて煮る。少しずつ水を入れていってもいいし、分量の水を入れて普通に炊くとピラフになる。

ヨモギ入りタイ風味噌汁

材料

〈2人分〉
ヨモギ……4g
脂ののった魚の切り身……100g（+カキ、エビ、イカ）
味噌……小さじ2　またはお好みの量
レモングラス……1~2本（あれば）
シークヮーサー果汁または四季柑果汁……小さじ1
水……カップ2
酒……小さじ1

作り方

1　魚の切り身を分量の水と酒で煮立てる。

2　火がとおったら、ヨモギとレモングラスを加えて、ひと煮立ちさせ、火を止める。

3　味噌とシークヮーサーを混ぜ入れる。

POINT

- 昔の沖縄では魚とヨモギだけのシンプルな味噌汁がよく食べられていた。
- タイ風だけでなく、自分の好みでアレンジしてみては？
- 脂の少ない魚の場合は油（無味油かゴマ油）を少々加えてもいい。

ヨモギ入り モヤシのナムル

材 料

〈2人分〉
ヨモギ……2g
モヤシ……1/2袋
乾燥ワカメ……適量
ゴマ油……小1/2
塩……少々
白ゴマ……適量

POINT

- 体を温めるヨモギを加えることで寒い季節にも食べやすくなる。

作 り 方

1 モヤシを少なめのお湯でさっとゆでて、しぼる。

2 ワカメをもどす。

3 ヨモギは小さくちぎる。

4 全ての材料をさっくりと混ぜ合わせる。

ヨモギわらびもち

材料

〈2人分〉
ヨモギ……5g（好みで〜15gまで増やす）
タピオカ粉……100g
水……300cc
（固めがよければ250cc）
きな粉……適量
黒みつ（黒糖の粉を水で溶かしてもOK）

POINT

- 暑い日にはヨモギもちの代わりにヨモギわらびもちを！
- ヨモギの清涼感が引き立つ上品おやつ。

作り方

1 タピオカ粉に水を加え、よく混ぜ、中火にかける。
2 しゃもじなどでかき混ぜ、透明になるまで練る。
3 ヨモギを100ccの水でミキサーにかけドロドロにする。
4 ③を②に加え、さらに練る。
5 きな粉を薄く敷いた耐熱容器に④を流し込み、冷やす。
6 固まったら、まな板にきな粉をしき、その上にもちを広げ、好きな大きさに切り、上からきな粉をまぶす。
7 黒みつをかけていただく。

ヨモギ団子入りぜんざい

材料

〈2人分〉

ヨモギ……6g程度（けっこう風味あり）

乾燥小豆……150g

水（ヨモギ液用）……50cc

もち粉……60g

粉黒糖……10g

塩……少々

ショウガ……少々（オプション）

作り方

1 小豆をひたひたより少し多めの水でやわらかく煮てザルに上げてつぶす。

2 小豆に水を加えもう一度煮たて、トロトロの状態にし、粉黒糖と塩を加える。

3 ヨモギを水50ccと共にミキサーにかける。

4 ヨモギ液にもち粉を加えてこね、耳たぶの固さにし、3センチ程度に丸める。

5 ヨモギ団子を熱湯でゆで、小豆汁に入れる。情に棹させば流される。

ヨモギ玄米ドリンク

材料

〈4人分〉

ヨモギ……5g程度（お好みで調整）

玄米ごはん……150g

水……300cc

黒糖……約40g（お好みで調整）

作り方

1 ヨモギは軽くゆでて絞る。

2 すべての材料を混ぜ合わせ、ミキサーにかけて、できあがり。

POINT

- 甘いのが苦手な人は黒糖 20g で OK。
- ヨモギは 5g 以上だとおそらく味が強すぎる。
- 伝統ある玄米飲料にヨモギをプラスして栄養バランス good！
- 軽い食事代わりにも便利。

02　とにかく何にでも合う

クワ（シマグワ）

DATA

科名：クワ科
方言名：クヮーギ、コンギ
主な効能：風邪の咳、発熱、眼の充血、急性結膜炎、吐血
特徴：公園や山の桑の木は数メートルに及ぶが、葉を採集するには、道端や公園で見かける2メートル以内の株が便利。長さ5～10センチの葉は茎に交互に付き、若い木では葉が深く大きく三つほどに裂けている。木が生長するとぎざぎざした卵形になる。雌株には黒紫色の約2センチの実がなり、雄株には実がならず、長さ2～3センチの薄黄色の小花が穂状に咲く。
生育・採集場所：日当たりの良い海岸周辺や、山野、公園、空き地、道端などに自生する。落葉高木。アスファルトの隙間でも立派に生長している姿もよく見られる。
食べ方：ある程度柔らかい葉ならどれでも食べられる。あくを抜く必要はないが、よほど柔らかい葉以外は火を通して食べよう。

娘が浦添の高校に通っていた頃のことだ。浦添市主催のクワ料理コンテスト「桑っちーコンテスト」が行われた。てだこホールにて作品が販売され、市民による審査が行われるという大々的なイベントだ。

娘の高校でも、それぞれがクワの葉や実について調べ、知恵を結集してクワの葉の粉末を使ったカステラを考案した。そして、販売に向けて共同で大量のカステラ作り作業。連日放課後に調理室に居残り、分担して販売を行った。さながら文化祭だ。

そんな娘を私は家でじっと見ているだけなのだが、私の心の中もお祭り気分だった。余ったカステラを食べられることだけが理由ではない。

私は嬉しかったのだ。クワ葉を料理して食べている人なんて私くらいだと思っていたのに、浦添市では多くの人々がクワを食べることに懸命になっている。

もちろん、私のようにほそぼそとクワのような野生植物を生活に取り入れている人は全国に少なからずいることだろう。メディアを通して彼らの存在を知ることもある。けれども、これほど多くの人々が野生に存在する食べられる植物で盛り上がっているという場面に今まで出会ったことがない。ヨモギ団子という国民的レシピを持つヨモギほどの野草でも、ヨモギ祭りなるものはおそらくまだ開催してもらっていない。

浦添市のスター☆

そんななか、浦添市ではクワにスポットが当たった。しかも、次の時代を担う若者たちまでが参加してくれて、「え？本当にいいの？」と気恥ずかしくなるくらいだ。

私もクワを含め、野生の植物のありがたさを知ってもらおうと草の根運動をしているつもりだが、市町村の活動の影響力の大きさには圧倒されてしまった。

昨今盛んな民間薬草を使った健康食品ビジネスもそうだ。村の長老しか知らなかったような草の名前が商品を通して瞬く間に全国に広まる。チラシの広告を見ては、「こんな薬草あった〜？」「え？この薬草にこんな効き目あるの？」と我が身の勉強不足を嘆くこともある。そして、それらの商品が大地に生えているときの姿を留めていないことを嘆くこともある。

けれどもそれは、近所の友人が手の届かぬ有名人になったことを悲しむようなものだ。真の友なら草たちの躍進を素直に喜ぶだろう。

「桑っちー料理コンテスト」のおかげでクワの名前は高校生たちに知られた。これでクワの名前はこれから彼らとともに50年は生き続けることになる。これはすごいことだ。

そして、クワの粉末が市場に出回っているかぎり、桑の木はこの世に生き続ける。桑の栽培面積も拡大している。その実を鳥たちが食べて、野生のクワの木が増えることを期待している。

クワ入り豆腐チャンプルー

POINT

- クワの歯ごたえと野生味がよくあう一品。
- 他の葉野菜では代用できない味が味わえる。
- モヤシはなくても OK。

材料

〈2人分〉
クワの若葉……20g
木綿豆腐……150g
カツオぶし……ひとつかみ
モヤシ……1袋
油……大さじ1
塩……小さじ1/2

作り方

1 クワの葉を細切りにする。

2 豆腐はちぎって水切りをしておく。または、グリルでひと焼きする。

3 フライパンに油をしき、豆腐を入れて、はじめ強火、そのあと中火にして両面をこんがり焼く。

4 モヤシとクワ、カツオぶしを入れてさっと炒め、塩をふりかける。

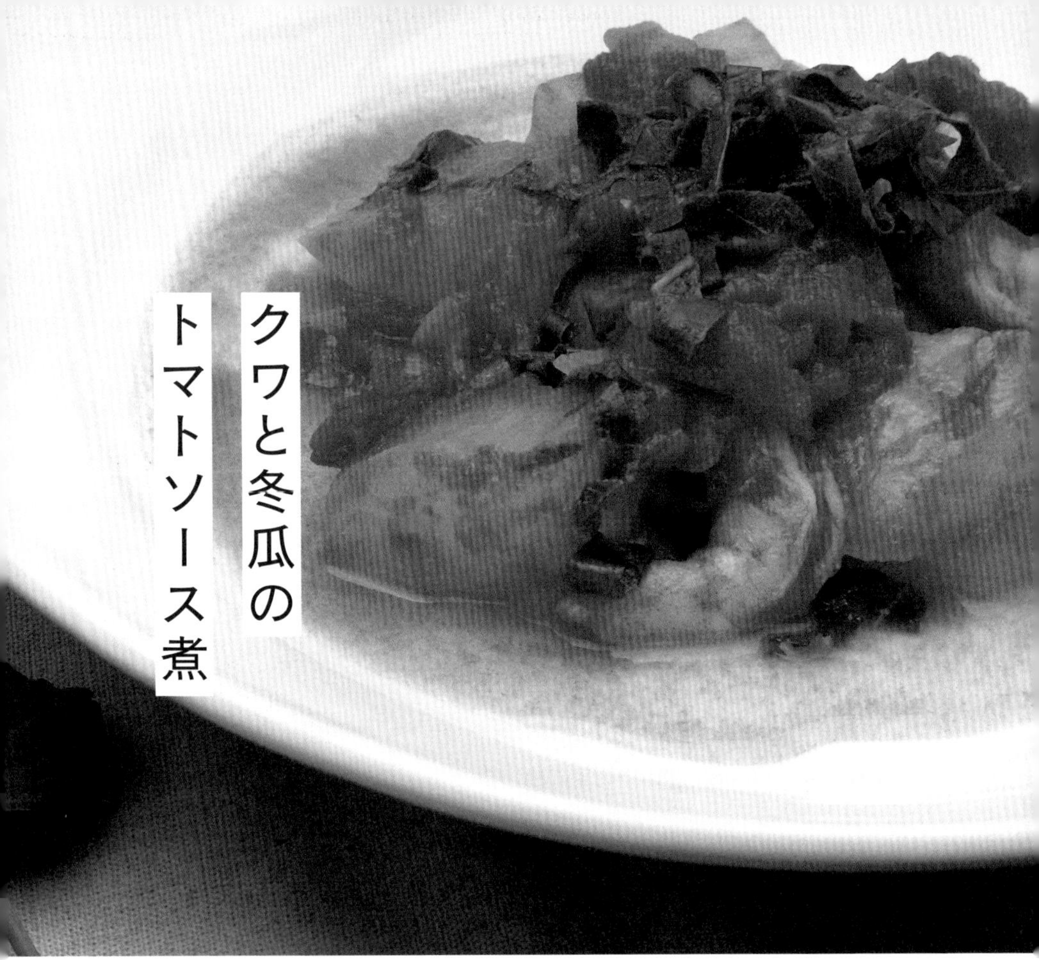

クワと冬瓜のトマトソース煮

材料

〈2人分〉
クワ……10～50g　やわらかめのもの（それ以上でもOK）
冬瓜……800g
トマト缶……1/2個
小エビ……60～70g（オプション）
玉ねぎ……1/2個
オリーブオイル……適量
塩……適量

作り方

1 細く切った玉ねぎをオリーブオイルでじっくり弱火で透明になるまで少々炒める。

2 3~4センチ大に切った冬瓜とトマト缶、塩を入れ、冬瓜に箸が通るまで煮る。

3 5mm幅くらいの細切りにしたクワの葉を入れて、数分煮て火を止める。

クワ入りきんぴらごぼう

材料

〈2人分〉
クワ……お好きな量
ゴボウ……1本
ニンジン……1/2本
ゴマ油……大さじ2
酒……大さじ2
醤油……大さじ2

作り方

1 ゴボウとニンジンは洗って水気を切り、マッチ棒状または長めに切る。

2 油を熱してゴボウとニンジンの順にしんなりするまで炒める。

3 酒と醤油を加えて歯ごたえが残る程度やわらかくなるまで炒め煮にする。

4 小さく切ったクワを混ぜてしばらく煮、火を止める。

クワの葉のドルマダキア（ごはん包み）

材　料

〈10個分〉
クワの葉……10枚（やわらかい若葉）
　直径7センチ前後
ごはん……120g
モッツァレラチーズ……30g
オリーブオイル
塩……小さじ1/4、塩もみ用……適量

作り方

1　クワの葉を塩もみし、1時間以上置く。

2　熱いごはんにみじん切りしたチーズと塩（モッツァレラチーズ以外の場合は少なめ）をチーズが溶けて全体にからまるように混ぜ合わせる。または電子レンジで30秒ほど温める。

3　クワの葉の水気を切り、広げて10等分したごはんをくるんで形を整える。

4　オリーブオイルをふりかけて全体にからませる。冷やしてもおいしい。

POINT

- 地中海料理を参考にしたレシピ。クワの葉でないとなかなかできない。
- ドルマダキアはトルコ語で、ブドウの葉のごはん包み。
- ちょっとエキゾチックな雰囲気もある一品。おもてなし料理にも！

クワ桜もち

材　料

〈6個分〉

クワの葉……20枚（中くらいの固さの葉 約20g）6枚（若葉）

もち粉……100g

水……70cc（混ぜたときに耳たぶのやわらかさになるまで）

黒糖……大さじ1　約7g

あずきあん……100g　黒糖はあずきあんの約1/10（かさ）

塩……少々

POINT

- 塩もみした葉が桜の葉と同じような風味。
- もち部分はヨモギだんごのような風味。
- クワはくせがなく、どんな料理にも合うが、お菓子に使うと、ほのかな抹茶のような風味が生かされる。
- ヨモギよりさわやか。クワは身体を冷ますので夏向きの草もち。

作り方

1. クワの葉（若葉）を塩で軽くもみ、そのままにしておく。
2. クワの葉（中）を小さくちぎり、水と一緒にミキサーに青汁になるまでかける。
3. ②にもち粉を耳たぶの硬さになるまで加えて練る。塩と黒糖をお好みで加える。
4. ③を6等分し、厚めの楕円形に整えて3分ほどゆで、冷水にとって水気を切る。紙などで水気を拭く。
5. もちをさらに大きな楕円形に引き延ばす。若葉の直径くらいの長さにする。
6. あんをはさむ。
7. 水気をふきとったクワの若葉を巻く。

クワ豆乳ムース

材料

〈3〜4人分〉

クワの若葉……10〜25g、やわらかいもの

豆乳……300cc　水でもOK

水……100cc

黒糖……25〜30g　甘さ控えめの場合は25g程度

寒天フレーク……小さじ3

POINT

- クワのぬめりで独特の食感。青葉をたくさんおいしく食べられる！
- クワの若葉は生でも食べられるので火を通す時間を最小限にすることでフレッシュな抹茶のような香りと味を損なわないようにする。少し火を通すほうが青臭さは少なくなる。
- 成長した固めの葉を使う場合はクワ豆乳液を入れたあと、少し長めに火にかけると葉の味が穏やかになる。

作り方

1 水に寒天フレークと黒糖を混ぜ合わせて火にかけ、沸騰したら弱火で約2分煮る。

2 豆乳とクワの葉をミキサーにかけ、寒天液に加える。

3 温まりクワの香りがしてくる程度に火を通し、火を消す。

4 容器に流し入れて冷やして固める。

03　沖縄のミント

センダングサ
（シロノセンダングサ）

DATA

科名：キク科
方言名：サシグサ、マヅムンパイ
別名：シロバナセンダングサ、アワユキセンダングサ
主な効能：腫れ、痛み
特徴：草丈30～100センチの一年草。多くの場合群生し、約3センチの白い花が可憐で美しい。一本の葉柄に3枚から5枚の葉がつき、それぞれの葉は3～5センチの卵形か細長い卵形。先がとがり、縁には細かいぎざぎざがある。葉柄は茎に向かい合っている。棘が実にいくつもついていて、「どれがセンダングサかな」と歩き回っている間にもあなたのズボンには数百本の棘が…。
生育・採集場所：空き地、道端、公園、庭など至るところで生える。田舎ではセンダングサを見ない日はないというくらい大量に生えている。
食べ方：柔らかくて小さい若葉を摘み、生かさっと火を通していただく。

清い花を愛でる心をいつまでも

本土から友人が沖縄に遊びに来たときのことだ。

「この花なんていう花？きれいだね」

私の住むアパートの前の空き地に広がるセンダングサの白い花を見て彼女が言った。本土では九州以外の地域ではセンダングサが生えていない。

「ああ、それはね、センダングサ。沖縄で一番多い草なんだよね」

「こんなきれいな花がたくさん勝手に咲くなんていいね」

この言葉を聞いて、あああ、この人はなんて清らかな心の持ち主なんだろう、と私は感動を覚えた。

思い起こせば十数年前、道ばたのあちらこちらに咲いているセンダングサを見て、沖縄の街は花であふれていていいな、と私も感じていたことを、わずかながらだがはっきりと覚えている。

私はいつ「清らかな心」を失ったのだ？あの可憐な花を楽しむ気持ちを持ち続けたら、沖縄生活はもっと楽しくなることだろう。

昨年借りた畑にもセンダングサが一面に生い茂っていた。先端の柔らかい葉を食用にと採集したあと、センダングサを根ごと引き抜いて作物の根元に敷いている。土の栄養にするためだ。

そして最近、緑肥として知られているクローバーを畑に植えてみた。すると、クローバーは根っこを横に横にと張り巡らす戦法でたちまちセンダングサに取って代わってしまった。センダングサが負けるなんて。私は驚いた。そろそろ畑が肥えてきていたせいかクローバーは巨大で、二週間も放っておくと作物の姿は見えなくなる。土にからみついた根を引き抜くには相当な力がいる。たびたびぐさりと種にやられてもするりと抜けるセンダングサが私は懐かしくなってきた。小学生のころクローバーで花輪をつくった思い出に黒い影がちらついてきた。

「クローバーの花見ながら畑するのも楽しいね」

久しぶりに畑にきた娘がクローバー畑を見てこう言った。彼女はこの清らかな心をいつまで持ち続けることができるだろう。この畑にもあるに違いない四つ葉のクローバーに未来を託そう。

白身魚（赤魚）の味噌センダングサソース

材料

〈2人分〉
センダングサ……10g
淡白な白身魚……200g
酒……少々
シークヮーサー果汁または四季柑果汁……少々
小麦粉……適量
味噌……適量

作り方

1 酒とシークヮーサー汁とセンダングサのみじん切りを合わせた液に魚を漬けてしばらくおく。

2 魚の水気を切り、小麦粉を両面にまぶす。

3 魚をフライパンで油をひいて両面を焼き、焦げ色をつける。

4 味噌にシークヮーサー果汁を加えてソースにし、センダングサのみじん切りも加え、魚にかける。

ししゃものセンダングサのせ

材　料

〈2人分〉
センダングサ……若葉ひとにぎりみじん切り
ししゃも……4本
シークヮーサー果汁または四季柑果汁……適量
塩（ししゃもが無塩の場合）……少々
オリーブオイルまたはゴマ油……少々

POINT

●ししゃもの生臭さをすごく効果的においしさに転じてくれるこの一品では、いくらでもセンダングサがほしくなる。シンプルなので、センダングサの味がししゃもでグンと引き立てられるのが不思議。

作り方

1　ししゃもをフライパンかグリルで焼く。

2　熱いうちにオリーブオイル（ゴマ油）をお好きな量まわしかけ、塩をふる。（無塩ししゃもの場合）

3　ししゃもにセンダングサを多めにたっぷりまぶし、お好みでシークヮーサー汁をかける。

冷やし豚しゃぶ with センダングサだれ

材料

〈2人分〉

豚肉しゃぶしゃぶ用……150g

【たれ】

センダングサ＋そのほかの野草（ニガナ、サクナ、ヨモギなどお好きなもの）……約5～10g

酢……30cc

醤油……30cc

ゴマ油……小さじ1

水……大さじ3

白すりごま……大さじ1/2

ショウガ汁……少々（オプション）

作り方

1 豚肉を1枚ずつ、たっぷりの熱湯に入れ、火が通ったら冷水にとり、ざるにあける。

2 たれの材料をまぜ合わせる。

POINT

- 野草は単品ならセンダングサかヨモギがおすすめだが、他の野草を加えた方がおいしいし、天ぷらのようにどんな野草でもおいしくするのがこのレシピ。
- 寒い季節なら体を温めるヨモギがおすすめ。その場合は温しゃぶで。

ジャガバターのセンダングサ風味

材料

〈2人分〉

センダングサ……小5・6枚～
（お好み）

ジャガイモ……2～3個

バター……小さじ2

塩………少々

POINT

●イモをグリルで軽く焼くとよりおいしい。

●これもセンダングサの底力がわかる一品。センダングサを加えると、ジャガバターのしつこさが打ち消され、おいしさが引き立つ。

作り方

1 バターを火にかけて溶かし、センダングサのみじん切りと塩を混ぜる。

2 ゆでたイモにぬって食べる。

または

1′ ゆでたイモにバターをのせる。

2′ センダングサのみじん切りをのせて食べる。

センダングサのムラサキポテトサラダ

材料

〈4人分〉
センダングサ……約10g
ムラサキイモ……3〜4本（約400g）
タマネギ……小2個または大1/2個
塩……適量
酢またはシークヮーサー果汁または
四季柑果汁……小さじ2
油……大さじ2

作り方

1 ムラサキイモをゆでてマッシュにし、イモが熱いうちに刻んだタマネギを入れて混ぜる。

2 塩、酢、油を加えて混ぜる。

3 ②が冷めたらセンダングサの刻みを入れて和える。

POINT

●ジャガイモでもおいしい。

ゴボウとセンダングサのデトックス丼

材料

〈2人分〉

センダングサ……4〜5g

ゴボウ……1/2本

塩……少々

ごはん……2杯（約300g）

ゴマ油……大さじ2

POINT

- ゴボウは焦げ目がつくとおいしそうにみえる。
- センダングサはやわらかい新芽がベスト。水洗いして水気を切って使う。
- シンプルだけど、ゴボウのこくのある風味とセンダングサのさわやかさが絶妙に合う。
- 高い解毒効果で知られる二つの素材の組み合わせ。ヘビーな食事が続いたときなどにおすすめ。

作り方

1 ゴボウをうす切りのななめ切りにし、ゴマ油で火が通るまで炒める。（無水なべでやると早い。）

2 フタをしてゴボウの水分で、約20分蒸し煮にする。こげる場合は少量水を加え、やわらかくなったら水をとばし、カリッと仕上げる。

3 ゴボウに塩をふってセンダングサと共にごはんにかける。

センダングサ入りニョッキ

材料

〈2人分〉

センダングサ……10g程度

ジャガイモ……2～3個

強力粉……ジャガイモの1/4

塩……少々

バター……約20g

粉チーズ……少々（オプション）

黒コショウ……少々（オプション）

作り方

1 ジャガイモをゆで､熱いうちにつぶす。

2 ①にみじん切りにしたセンダングサ、強力粉、塩を加えて手でよく混ぜる。

3 打ち粉をした台の上で生地を直径約2センチの棒状にのばし、包丁で2センチくらいに切る。

4 ③を塩を入れたたっぷりの湯で浮き上がるまでゆでる。

5 あたたかいニョッキをバターで和えていただく。お好みで粉チーズや黒コショウをかける。

センダングサパン

材料

〈小20個分〉
センダングサ……20g程度
強力粉……250g
水……150cc
卵……1個
天日塩……2g
黒砂糖……30～40g
ドライイースト……3g

作り方

1 センダングサの葉に水を加え、葉が細かくなるまでミキサーにかける。

2 他の材料に①を混ぜ合わせ、10～15分こねる。

3 ボールに入れ、ラップをし、約30分発酵させる。

4 パンチをして小分けにし、丸めてプレートに並べる。

5 約15分発酵させたあと、180°C前後のオーブンで10分ほど焼く。

POINT

- ①のあと、すべての材料を入れてホームベーカリーで焼くこともできる。あるいは、生地作りまでホームベーカリーに任せることもできる。
- ご飯（150g）を加えると、もっちりとした仕上がりになる。その場合、水は120ccにする。
- 薬草初心者は黒砂糖を多めにしたり、レーズン（約40g）を加えると食べやすくなる。

ニンジンのセンダングサバター和え

材　料

〈2人分〉
センダングサ……適量（ひとにぎりくらい）
ニンジン……大2本（or小4本）
バター……小さじ1/2〜1
塩……少々

POINT

●熱いニンジンにセンダングサをかけるとセンダングサがあたたまり、風味が落ちる。センダングサの味があまりしない方がいい場合はそれでもOK。

作り方

1 ニンジンをお好きな大きさに切り、箸が通る固さにゆでる。

2 ザルにあげ、熱いうちにバターと塩で和える。

3 センダングサをみじん切りにし、さめたニンジンにまぶす。

センダングサのポテトスープ

材料

〈2人分〉
センダングサ……適量みじん切り
ジャガイモ……小1個
玉ねぎ……1/2個
卵……小1個
塩……小さじ約1/8
オリーブ油……1人あたり小さじ1/4
（オプション）

POINT

- 夏のセンダングサはピリピリするので使わない。
- センダングサは若葉を使う。
- フランスの田舎、もしくは、昔の庶民の食べていたスープのイメージ。昔はオリーブオイル貴重だけどもね。
- センダングサはやはり卵やジャガイモとよく合う。

作り方

1 ジャガイモを1センチ角に切り、玉ねぎは1センチ大に切る。

2 ①を水カップ2でジャガイモがやわらかくなるまで約15分煮る。

3 とき卵をゆっくりと少しずつ加えたあとひと混ぜし、センダングサと塩を加えて火を止める。

4 スープ皿に盛ったあと、お好みでオリーブ油をたらす。

04　ジューシーに入れるとおいしさバツグン

オオバコ

DATA

科名：オオバコ科

方言名：フィラファグサ、マーザガパー、ハコマーフサ、オイザーヌブーフサ

別名：オンバコ、カエルッパ、スモトリグサ

主な効能：鼻血、皮膚化膿症、高温多湿による下痢

特徴：草丈10～20センチの多年草。地面を覆うように広がって生える。茎はなく、葉は根から伸びる。長い柄をもったスプーン形の葉は長さ4～15センチで、先は丸く、葉脈が平行に並んでいる。長さ10～50センチの花茎を出し、穂状の地味な白い花を多数密生させる。

生育・採集場所：空き地や道端や駐車場、グラウンドなど、人や車が踏みつける場所によく生えている。冬以外は多少湿り気のある日陰に密生している。

食べ方：柔らかい若芽を摘み、さっとゆでて水にさらし、あく抜きをして食べる。硬めのは長めにゆでるとよい。

薬草友達ができる草

夫は仕事でチョウを飼うことがあるので、チョウの種類によってはオオバコの採集に出かける。オオバコを幼虫の餌にするのだ。採集場所は近くの数ヶ所の公園だ。そして、採集から戻ってくると長時間の草取りで痛む腰を押さえながら、決まってこう言う。

「また声かけられたよ」

オオバコは他の草のない開けた土地に広がっていることが多いので、オオバコを採っていると目立つのだ。

そして、この日はこう付け加えた。

「オオバコをお茶にするんですか、だって」

「へえ、その人もオオバコをお茶にしてるんだね、きっと」と私。

「知らないよー。どうしたら声かけられないんだろう」と夫。

私は夫よりも採集の機会が多いが、声をかけられた記憶はない。草を探して下を向いて歩いているのを見た友人から「大滝さん、落ち込んでいるみたいだけど、何かあったの？」と言われたことはあるが。声をかけてくれたら、草の友達ができるのに、と思う。

オオバコはよく知られた草だから、薬草として使っている人が多いのかもしれない。私も今度時間をかけてオオバコを採集してみよう。

「また声かけられたよ」

またもや決まり文句をつぶやきながら夫が帰ってきた。

「オオバコを食べるんですか、だって」

「いいねえ」と私。

夫は相変わらず、口をとがらせて、何かいい案はないものかとぶつぶつ言っている。

「○○公園の広場にある自動販売機の陰にもオオバコが沢山生えてたよ。大きいのが」と私。オオバコは日向で人に踏まれているという印象があるが、そうとは限らない。他の草がなければ、日陰でも元気に育ち、踏まれないためか、サイズも一回り大きい。しかも、葉が薄くて柔らかいので、人間が食べるなら、日陰に生えているものを探した方がいいかもしれない。

オオバコには独特の風味があるので最初は食べにくいかもしれないが、慣れてくるとたくさん食べられるようになるのはサクナと同じだ。

次の日、夫は早速私の勧めた場所に採集に行き、にこにこ顔で戻ってきた。

「今日は声かけられなかったよ」

オオバコジューシー

材　料

〈4杯分〉

オオバコ……約10g

米……2合

醤油……大さじ1

油……大さじ1/2

ニンジン……1/4

塩……小1/4〜1/2

干ししいたけ……大1枚分

豚肉……50g　（オプション）（ひき肉または豚肉小口切り）

カツオだし……分量の水で

作り方

1 オオバコはさっとゆでて水にさらし、しぼって千切りにする。

2 ニンジンは小さく切る。

3 米をといで分量のだし汁を加え、それ以外の材料を混ぜ入れて普通に炊く。

POINT

- オオバコは若葉なら下ゆでなしでOK。
- くせのあるオオバコの味もジューシーに入れると心地よいさわやかさとして活きてくる感じ。
- 昔の沖縄でフーチバージューシーとともによく食された レシピ。
- オオバコ料理で一番おいしいかも。さすが伝統レシピ。

オオバコとモヤシの塩炒め

材料

〈2人分〉

オオバコ……10g
モヤシ……100g
ゴマ油……小さじ1
塩……少々

POINT

●オオバコのほろ苦さがモヤシのいいアクセントになり、炒め物に新鮮さが加わる。

作り方

1 オオバコとモヤシは洗ってよく水気を切る。

2 オオバコは厚めの場合は下ゆでして水にさらし、しぼる。

3 フライパンにゴマ油を熱し、オオバコをさっと炒めたあと、モヤシを加え、強火で素早く炒める。

4 塩少々をふりかける。

オオバコと切り干し大根の煮もの

材　料

〈2人分〉

オオバコ……10g

切り干し大根……30g

ヒジキ……5g

ゴマ油……小さじ1

醤油……少々

POINT

- クセのあるオオバコの味が不思議となじむ一品。
- ニンジン、肉類などお好きな具材を加えても。

作　り　方

1 オオバコは厚めのものはゆがいて水にさらし、しぼる。

2 オオバコをゴマ油で軽く炒める。

3 切り干し大根とヒジキを加え、醤油少々で味付けし、かぶるくらいの水を入れて大根がやわらかくなるまで煮る。

オオバコのゴマ油和え

材料

〈2人分〉

オオバコ……10g

ゴマ油……小さじ1/2

塩……少々

白ゴマ……少々

作り方

1 オオバコは塩ひとつまみを加えて5分ほどゆで、水にさらし、しぼる。

2 細く切ってゴマ油と塩で和え、白ゴマをふりかける。

POINT

- 公園でオオバコを採っていたら、女性がやってきて「韓国ではオオバコをゴマ油で和えてよく食べるのよ」と教えてくれた。
- 超シンプルだけど納得のいく一品。

オオバコのレバーシンジ

POINT

- 病人や目の悪い人用の薬として作られてきたレシピである煎じ汁（シンジ）に、だし汁とニンジンを足したもの。
- レバーをスープに入れるという発想は新鮮。温故知新？ なかなかいける。
- オオバコがレバーの臭みを和らげていいバランス。
- 好みでニンニクを加えてもいい。

材料

〈2人分〉
オオバコ……約10g
ニンジン……小1/2本
だし汁……カップ2 （カツオぶし）
レバー……100g
塩……小さじ　1/4～1/2

作り方

1 オオバコはお好みで食べやすい大きさに切る。

2 ニンジンは薄切り、レバーは一口大に切る。

3 オオバコ、ニンジン、レバーを鍋に入れ、だし汁を注ぎ入れ、ニンジンがやわらかくなるまで煮る。

4 塩を加えてできあがり。

05　クセになる苦味

ニガナ

DATA

科名：キク科

方言名：ンジャナ、イガナ、ハルンジャナ、モーンジャナ

主な効能：胃の不調、発熱

特徴：草丈5～20センチの多年草。
白みがかった長い楕円形の葉はキャベツのような厚みを持ち、直接根から生え、放射状に広がっている。長く伸びた花茎の先には1センチ程度の黄色い小花をいくつも咲かせる。10センチ程度の茎を四方八方にひょいひょいと伸ばし、その先に新しい株を作りながら増えていくさまは何とも軽快。

生育・採集場所：海岸の岩場や砂地、道端、道路と壁の境目などに自生。栽培もされ、庭では野生化し、群生していることも。

食べ方：どの葉も生かさっと火を通して食べられる。

「ニガナの白和え」は遠い存在？

ニガナといえば、「ニガナの白和え」が有名だ。フーチバージューシーほどではないが、沖縄の野草料理としては数少ない今に息づく定番レシピといえるだろう。

ニガナを知って間もないころ、友人にニガナの調理法について尋ねたことがあった。

「ニガナは苦味が強いから、ものすごく細い千切りにするんだって。細ければ細いほどよくて、私の知り合いの人は糸みたいに細くするらしいよ。そしたら全然苦くないって」

「えー。私、キャベツの千切りも下手くそなのに糸なんてとても無理」

彼女はその後、糸みたいな千切りに加えて、クリームみたいに滑らかな白和えを要求した。

私は気合いを入れてキッチンに立った。そして、二度三度やってみたが、私の集中力ではニガナは一番細くても、極太の毛糸。しっかりニガナの味がする。粒々とした見た目も豆腐以外の何物でもない白和えからは根性のなさが伝わってくる。

それからどのくらいニガナから遠ざかっていただろう。ズボラ人間にとって難しいレシピに従ってきちんとした料理をすることはかなりの苦痛なのだ。

とはいえ、薬草を生活に取り入れるうえで料理は最も身近で大切な活動であると年々感じるようになってきた。実際には、私自身、薬草は飲むより食べることのほうが多い。なのに、料理法について真面目に考えたことがないではないか、と強く思うようになった。

そして、図書館に行き、民間伝承料理の本を開いた。そこにはニガナの白和えの姿もあったが、それが例外に見えるほど地域の自然環境に根差した薬草料理の世界が広がっていた。

ニガナは海岸近くに生えているので漁師の家庭でよく食されていたそうだ。和え物にされることが多かったようだが、材料は魚介類がよく使われた。味噌や醤油、酢などを使って和える。そのほか、炒め物にもするし、味噌汁に入れたりもする。とにかく、近くにある食材と組み合わせて自由に料理していたという雰囲気があふれている。

なーんだ、と私は思った。昔の人も私と同じで結構テキトーだったのだ。もちろん、たくさんの人びとがニガナを来る日も来る日も工夫して料理して、そのなかからすばらしいレシピが生まれたことは間違いない。そのレシピに従えば味は保証されるだろう。

けれども、伝統レシピというものは亡くなった大切な人のように美化されて、ときには法律のように私たちを制圧する。それは自然の草を食べる自然な人びとには無縁なことに違いない。

というわけで、私は晴れて再び自由に薬草を食べることとなったのである。

貝とニガナの炒めもの

POINT

- シンプルだけど、お互いの味を引き立たせる絶妙のコンビ。
- ニガナのさっぱり感でアサリがさわやかに食べられる。
- 沖縄本島周辺で昔食されていた「まがき貝とニガナの炒めもの」のまがき貝をアサリで代用。昔のレシピのすごさ、多くの人に食べられてきたレシピはやっぱりよくできている。おいしい。一朝一夕に考えられたものと違う。
- ニガナは海の近くでよく食べられたので魚介との組み合わせが多い。

材料

〈2人分〉

ニガナ……10g

あさり……100g

油……大さじ1/2

作り方

1 ニガナは手で食べやすい大きさにちぎる。

2 ニガナを油でさっと炒めて、アサリを加えてフタをする。

3 アサリが開いたら、軽くひと混ぜする。

ニガナの魚なます

材料

〈2人分〉

ニガナ……10g

お好きな刺身……100g

味噌……小さじ1/2

酢……小さじ1/2

作り方

1 刺身を適当な大きさに切る。

2 ニガナを細切りにして、①に加える。

3 味噌を酢と小さじ 1/2～1 の水で溶いて②に加え、混ぜ合わせる。

POINT

- 海の近くに住む人の昔のレシピ。
- シソなど季節の野草を加えたらしい。

ニガナとササミの温サラダ

材料

〈2人分〉

ニガナ……10g

ササミ……100g

オリーブオイル……小さじ1

塩……少々

POINT

- ニガナのフレッシュさがオリーブオイルとマッチする一品。軽く火を通すことでニガナの苦味がマイルドで心地よくなる。
- さまざまな食材のトッピングとして。単品でも。

作り方

1 ササミはゆでて細切りにする。

2 ニガナは洗って水を切り、数枚ずつ縦向きに重ねて細切りにする。

3 ニガナにオリーブオイルと塩をかけて混ぜ合わせ、レンジで10秒ほどチンするとしなっとする。

4 ササミの上にニガナを乗せていただく。

ニガナとカタバミの魚介ちらしずし

材料

〈2人分〉
ニガナ……3〜4枚　細切り
カタバミ……5〜6本
好きな刺身……約120g

【すしめし】
酢……25ml　大さじ1.5
三温糖（はちみつ）……大さじ1
塩……小さじ1/2
ごはん……茶碗2杯分　約200g

作り方

1. すし酢の材料を弱火にかけて溶かし、冷まし、ごはんを十字に切ってふりかけ、切るように混ぜる。
2. 刺身を適当な大きさに切り、ニガナは極細切り、カタバミは茎を短くする。
3. すしめしに刺身をちらし、その上にニガナとカタバミをちらす。

POINT

- カタバミの酸っぱさがすし酢と連続性があり、よくなじむ。魚介がさっぱりと食べられる。その味を、シソなどと違って、下から支える感じ。
- カタバミはフランス料理にも使われることが納得できる一品。

ニガナの白あえ

材料

〈2人分〉
ニガナ……5〜6枚
もめん豆腐……1/2丁（140g）
白ゴマ……大さじ2（または白すりゴマ）
三温糖（ハチミツ）……大さじ1
醤油……少々
塩……小さじ1/3

作り方

1 豆腐は30分〜1時間ほど水切りし、布などで絞る。

2 ニガナは極細切りにする。

3 豆腐にすった白ごまを入れ混ぜる。

4 豆腐に三温糖、塩、醤油を入れて混ぜあわせ、ニガナを混ぜこむ。

シラスとモヤシとニガナの味噌和え

材　料

〈2人分〉
ニガナ……5g
モヤシ……1袋
シラス……30g
味噌……小さじ1/4

POINT

- 宮古の昔のレシピ。
- 焼き魚の代わりに手軽なシラスを使った。焼き魚でもいい。

作り方

1 モヤシはさっとゆでて水を切り、固くしぼり、3センチ位に切る。

2 ①にシラスと、細切りにしたニガナを加える。

3 小さじ1の水で溶いた味噌を加え、混ぜ合わせる。

ニガナの魚汁

材料

〈2人分〉
ニガナ……6g
魚の切り身……100g
水……2カップ
塩……小さじ1/4
酒……大1/2（オプション）

作り方

1 魚を分量の水と酒でアクをとりながら煮立てる。

2 火がとおったら、手でちぎったニガナを入れ、しばらく煮て火を止める。

3 塩を加える。

POINT

- 海の近くに生えるニガナは魚と合わせることが多かった。
- 醤油や味噌を入れるなどいろいろやってもいいが、昔のシンジ（煎じ汁）は塩のみで作られたことが多い。
- 薬としてもよく使われたレシピ。薬にするときはもっと長く煮て、汁を中心に使う。病人には特に汁を少なめにして与えたらしい。
- 田んぼでとれたターイユ（フナ）とニガナのシンジが有名。

06　やみつきになるスパイス野草

サクナ
（ボタンボウフウ）

DATA

科名：セリ科
方言名：ウプバーザフナ、チョーミーフサ、チョーミーグサ
別名：チョウメイソウ
主な効能：咳、風邪による熱、神経痛
特徴：草丈30～1メートルの多年草。茎は直立して盛んに枝分かれし、茎の先につく厚みのある白みがかった葉は長さ3～6センチの小葉3枚で一つのセット。それぞれの小葉はクローバーのように三つに深く裂け込んでいる。白い小花が円状に多数集まって花を咲かせる。全草に強い香りがある。
生育・採集場所：海辺の岩石地、砂地などに自生する。畑、菜園、庭園などで広く栽培されている。
食べ方：どの葉も生か火を通して食べられる。生で食べるなら、柔らかい若葉を選ぼう。

生で食べられますか？

以前、20代くらいの女性に、
「サクナってどんなふうに食べるんですか？」
と聞かれたことがある。
サクナは若い人にも知られているんだな、と嬉しく思いながらも
「細く切れば、そのまま食べられますよ」
と、いつもの悪いクセで、私はシンプルすぎる回答をした。
頭の中にはサクナの「刺し身のつま」に使われた歴史を思い浮かべていた。
「えーっ。生は強烈ですよー」
と、女性。
そうかあ、サクナを生で食べたことがあるんだ、とさらに嬉しくなる。
「じゃあ、細かく切ってカレーに入れてみたら？ サクナはカレーによく合いますよ」
今度はちょうど考案中だった本書掲載のサクナ入りトマトカレーが脳裏にあった。
が、これまたいつものことで、数分して気がついた。
個性の強い食材をカレーに入れて味を隠そうとしていると思ったに違いない。
ああ、またしても説明不足。
「あ、普通のカレーじゃなくて、カレースパイスを使って一から作るカレーによく合うんですよ。サクナを一つのスパイスと考えて」
と声にならないセリフ。
時すでに遅し。彼女はもうそばにいなかった。
私はいつもこんな調子だ。だから、本を書いている。
ところで、話は戻るが、サクナを「生で食べたら？」と人に言っておきながら、私も最初の頃はサクナを生でかじってはギョエーッと叫んでいた。
お刺身と一緒とはいえ、千切りを山盛りなんてとんでもないと思っていた。
ところがだ。
サクナの味噌和えという昔のレシピを真似てみたときのことだ。
サクナを噛むと口から顔全体に広がるようなあの刺激が心地よい爽快感に変わったのである。
「これはフキノトウ味噌だ！」
私と夫の意見が一致した。
フキノトウ味噌はさわやかな風味で本土で人気のある珍味の一つだ。沖縄でもこの味を堪能していたのか。妙に納得したものだった。
それ以来、私と夫はサクナをよく食べるようになった。
そのうち、サクナの味に慣れて、刺身のつまとして食べることができるようになり、生臭い魚や肉料理にはサクナを欲するようになった。
やっぱり料理ってすごい。
どうして私は先述の彼女にサクナの味噌和えを教えなかったんだろう？

豚ヒレ肉とサクナ入りラタトゥユソース

材　料

〈2人分〉
サクナ（他の野草でもOK）……5g
豚ヒレ肉……4枚　約100g
ナス……1本
ニンジン……1/2本
タマネギ……1/2個
トマト缶（カットまたはホール）……1/2
塩……小さじ1/4
オリーブオイル……大さじ1
ワイン……適量（もしあれば）
小麦粉……適量

作り方

1 タマネギは細切り、ナスは薄切り、ニンジンはイチョウ切りにする。水気はよく切る。
2 タマネギをオリーブオイルでよく炒め、ナス、ニンジン、トマト缶、塩を加え、上からオリーブオイルを回してかけてフタをし、ニンジンがやわらかくなるまで蒸し煮にする。
3 フタをとって中～強火で水分を飛ばす。
4 サクナの千切りを加えて混ぜ、火を止める。
5 豚ヒレ肉に塩をふり、少量の小麦粉をまぶす。
6 フライパンに油をしき、肉の両面をこんがり焼く。
7 ワインをまわしかけ、フタをして5～6分、火を通す。
8 ヒレ肉にラタトゥユソースをかけて、できあがり。

POINT

- サクナがさわやかなスパイスとなり、食欲がわく。お肉が苦手な夫が「これならお肉食べられる！」って。
- サクナのほか、ヨモギなどお好きな野草を加えて。お魚やパン、ごはんのトッピングなど、さまざまに活躍するソース。

サクナトマトカレー

材　料

〈2人分〉
サクナ……10g
ひき肉……200g
タマネギ……1/2
ニンニク……1片
キノコ……2個
バター……適量
赤ワイン……カップ1/4
カレー粉……小さじ1〜2
トマトジュース……カップ1/2
赤ピーマン……2個

作り方

1. ひき肉にカレー粉（半量）と塩を混ぜておく。
2. みじん切りタマネギとニンニクとキノコをバターで黄色になるまで炒める。
3. ひき肉を加えてパラパラになるまで炒める。
4. ワインを加えて強火で汁がなくなるまで煮る。
5. 残りのカレー粉とトマトジュースを加えて煮る。
6. サクナのみじん切りと赤ピーマンを加えてさっと火を通す。

POINT

●サクナの独特のエスニックな味はカレーととてもよく合う。シンプルにカレーに入れるほか、カレー粉を使ったさまざまな料理にサクナを！

サクナのチャーハン

材料

〈2人分〉

サクナ……15g

ごはん……200g

タマネギ……小1個または大1/2個

油……多め

卵……2個　または鮭切り身……適量

塩……少々

コショウ……少々

エビ……適量（オプション）

作り方

1 タマネギをみじん切りにして多めの油で炒め、サクナのみじん切りを加えてさっと炒める。

2 卵を別のフライパンで炒り卵状にする。または鮭の切り身を焼いてほぐす。

3 ①にごはんを加えて炒め、②を混ぜて、塩とコショウを入れて味付けする。

POINT

- サクナがほのかにピリッとしてスパイスとして味わえる。コショウを入れなくても十分満足できるが、コショウをかけると二つのスパイスのハーモニーが味わえる。
- サクナ通の人はサクナの炒め時間を短くして。

サクナ入り豆苗炒め

材料

〈2人分〉
サクナ……3本
豆苗……1袋
白ゴマ油……少々
塩……少々

作り方

1 豆苗を3センチくらいに切り、サクナは千切りか乱切りにする。

2 豆苗とサクナを白ゴマ油でさっと炒め、塩少々を振りかける。

POINT

- キャベツのマリネと同じ手法。ふつうの青菜炒めに混ぜることでクセの強い野草が楽しい香りのスパイスに！
- ふつうの青菜炒めに飽きた人、栄養価を高めたい人にピッタリ。

サクナ味噌

材料

〈2人分〉
サクナ……10〜12g
味噌……小さじ1
ハチミツ……小さじ1
白ゴマ……小さじ1

作り方

1 サクナを細切りにし、味噌とハチミツで和え、しばらく置く。

2 サクナがしんなりしたら、白ゴマを振り、軽く混ぜる。

3 ごはんに乗せていただく。

POINT

●春の味フキノトウ味噌とそっくりの味。

サクナ―刺身のつま

材料

〈2人分〉

サクナ……10g

刺身の切り身……100g

醤油……適量

作り方

1 サクナを細い千切りにして刺身に添える。

2 醤油をかけていただく。

POINT

- 昔のとてもよくあるレシピ。
- ニガナでもいい。

野草クッキー（サクナクッキー センダングサクッキー）

材料

〈直径3センチ厚さ5〜7mmのクッキー約20個分〉
サクナ……4g　またはセンダングサ……2g、または他の野草（みじん切りにする）
薄力粉……100g
バターと白ゴマ油……あわせて20〜30g
ハチミツ……20g
卵……1/2個

作り方

1 バターを湯煎で溶かし、白ゴマ油と混ぜる。
2 ①にハチミツと卵を加えて混ぜる。
3 ②に粉を加えてさっくり混ぜ、サクナやセンダングサなどの野草を混ぜ込む。
4 直径3センチの棒状にし、包丁で厚さ約5センチの厚さに切る。
5 180°Cのオーブンで約8分焼く。

POINT

● パラパラしてこねにくいので注意。基本的にさっぱりした食感だが、バターが多いほどリッチな食感になる。バター5g、白ゴマ油15gがおすすめ。
● ハチミツの代わりに塩小さじ1/3弱にするとクラッカーになる。
● サクナクッキーが特におすすめ。野草なしのクッキーの味に物足りない人はきっとやみつきに！

07　オリーブオイルとの相性バツグン

タンポポ
（セイヨウタンポポ）

DATA

科名：キク科
方言名：タンププ
別名：ショクヨウタンポポ
主な効能：乳腺・眼・咽喉の腫れや炎症、消化不良、腹痛、発熱、膀胱炎、腎炎、肝炎
特徴：草丈10～30センチの多年草。日々踏まれるものは地面にへばりつくように生えている。放射状に広がる葉は10～30センチで細長く、英名ダンデライオンの語源になったライオンの歯のようなギザギザがあるが、先が丸いものもある。直径3～5センチの黄色の丸い花も葉も根から直接出ている。茎を折ると白い乳液が。花は咲き終わると丸い綿毛をつくり根元の種子を遠くに飛ばす。
生育・採集場所：野山や空き地、道端など日当たりのよい場所や木の根元などの半日陰に自生。日差しの強い季節には、半日陰のほうが背も高く、葉も青々としている。
食べ方：どんな葉でも食べられるが、できればおいしそうな葉を選ぼう。生かさっと火を通して。

以前、「草のうた」を熱心につくっていたことがある。そして、それぞれの草を主人公にした10曲余りの未熟な歌をせっかくだから、と恐れ多くもYouTubeに上げた。すると、なぜか、タンポポの歌の視聴数だけが一学年の生徒数くらいにまで増えた。長年のタンポポへの思いがうまく表現出来ていたのか？まさかである。試しに「タンポポの歌」と検索してみると、「タンポポ」という言葉の含まれた歌がいくつも出てくる。おそらくは、これらと間違われて聴かれたのだろう。タンポポは「道ばたの草の代名詞」なのだ。いまだに都会の若者でもその名を知っている。想えば、商店街を抜けてすぐの住宅街で育った私もタンポポはその名前も生えている姿も小学生頃から知っていた。

　アメリカでハーブの勉強をとおしてタンポポをはじめ、いろいろな草が薬草であり、食べられることを知ったが、「これだ」と確信を持って判別し、口に入れることができたのはしばらくはタンポポだけだった。新しい草原を発見するたびに、私は、「あ、ネトルだ！エキナセアだ！」と覚えたばかりの野草に歓喜の声をあげて恐る恐る数本摘んだのち、タンポポをたんまりと摘んで夕食のおかずにした。しかも、タンポポは引越し魔の私の行く先々で私を待っていてくれた。マンハッタンの公園にも郊外の空き地にも、イギリスで借りた家の庭にも、そして、

キミはいつもそばにいた

静岡の海辺の街にも神奈川の山奥にももちろん生えていた。どこへ行っても、慣れない土地で初めて出会う野草を前にうろたえている私に安らぎを与えてくれた。

　私にとって初の亜熱帯地域である沖縄ではタンポポは比較的少ない印象だ。けれども、涼しい木陰に逃げ込むと先にタンポポが集団で陣取っている様子が私はとても好きである。

「あれ、こんなとこにいたの。しばらく見なかったけど」

　庭の目立つところに増やそうとしたことが何度もある。ところが、その場所が気にくわないのだろう。あの長い綿毛でフワリフワリといつしか自分好みの場所に移動する。

「あら、こんなとこにいたの。最近いなくなったと思ったら」

　沖縄のタンポポを見ているとまるで動物のような意志を感じて嬉しくなる。どこで暮らしているのか知らないが、元気でいてくれよ、と長年の友人の身の上を案じる気分である。

タンポポのガーリックオイルスパゲッティ

材料

〈2人分〉
タンポポ（またはオニタビラコ）……10g
スパゲッティ……200g
オリーブオイル……大さじ4
ニンニク……小さじ2
赤唐辛子……1本（オプション）
コショウ……少々（オプション）
塩……適量

作り方

1 スパゲッティをゆではじめる。

2 フライパンにオリーブオイルを熱し、ニンニクと赤唐辛子を入れ、弱火にかける。

3 ニンニクがきつね色になったら、タンポポのみじん切りを加え、さっと火を通してから火を止める。

4 スパゲッティのゆで汁少々とゆであがったスパゲッティを上記のソースに加えて混ぜる。

5 塩、コショウで味を調える。

POINT

- オニタビラコでもいい。
- タンポポの苦味を楽しむスパゲッティ。
- 苦いのが苦手な人はタンポポの量を減らそう。

タンポポのサラダご飯

材　料

〈2人分〉

タンポポ　やわらかい若葉……10g

ごはん……2杯（約300g）

オリーブオイル……大さじ1.5

酢（またはレモン果汁）……小さじ2

塩……少々

作り方

1 熱いごはんに分量のオリーブオイルと酢、塩を加えて、よく混ぜる。

2 お好きな大きさにちぎったタンポポを加えて、さっくりと混ぜる。

POINT

- タンポポは出たばかりのやわらかい葉のみを集めよう。
- オニタビラコを使ってもよいが、日陰に生えている、かなりやわらかい葉を選ぼう。
- 他の草を使っても OK。センダングサ、スミレ、タネツケバナなど。

タンポポのオリーブオイル和え ガーリック風味

材料

〈2人分〉

タンポポ……蒸して1にぎり（またはオニタビラコ）

オリーブオイル……適量

ニンニク……1片

塩……少々

POINT

- 何十年も前にアメリカで知って、ずっと使ってきている我が家伝統レシピ。
- ギリシャ料理にブドウの葉をオリーブオイルに漬けた料理があるが、それを彷彿とさせる。

作り方

1 タンポポは食べやすい大きさに切り、洗って水分がついた状態で火にかけ、しんなりさせる。

2 タンポポの水気をしぼり、しっとりするまでオリーブオイルをかけて混ぜる。

3 ニンニクのおろしたものと塩をふりかけ、和える。

08　気分はイタリアン

オニタビラコ

DATA

科名：キク科
方言名：トゥイヌフィサー、チャンチャクナー
主な効能：腫れもの、皮膚病
特徴：草丈20～50センチの一年草。地面からまっすぐに伸びた1本の茎の上に1～1・5センチの黄色い小花をいくつもバランス良く付ける。放射状、ロゼット状にふわっと柔らかい葉を幾重にも広げ貴婦人のドレスのよう。長さ5～15センチの葉には切れ込みがあり、タンポポに似ているが、タンポポよりも先が丸く、幅3～5センチと広いことが多い。
生育・採集場所：森や林の中の開けたところ、木の根元、ベンチの下、建物の陰、植木鉢など、少し日陰になっているところに生えていることが多い。一般にどこにでも生えていて、タンポポかなと思ったら、たいていオニタビラコである。
食べ方：やわらかくて美味しそうな葉を選ぼう。日向に生えているものは苦みが強いことが多い。生かあまり火を通さない料理にどうぞ。

今までにほんの数回だけだが、
「おすすめの野草は何ですか?」
と聞かれたことがある。

ぜひ食卓に取り入れてほしい草はたくさんあるが、「オニタビラコ」と答えたことが多かったように思う。

その理由はおそらく、「採ったばかりのみずみずしい草をサラダにしてそのまま食べるという贅沢」にオニタビラコが一番向いていると思うからだ。

ベランダランチのお供

もちろん、ヨモギやニガナ、タンポポ、センダングサも私はサラダのレパートリーに入れているが、それぞれの個性が少々強い。けれども、オニタビラコには味があまりない。ほんのりした苦味がオリーブオイルと合ってイタリア料理にぴったりだ、と私は繰り返し主張している。

オニタビラコが私の頭に浮かびやすい理由はこれだけではないと思う。

私は車が運転できない。最近は自宅に庭がないので、平日のフィールドは近所の公園や空き地、そして自宅のベランダだが、北向きの涼しいベランダにいる時間がなんといっても長い。

ベランダには大小の植木鉢が所狭しと並んでいる。野草採集というと戸外で行うイメージだが、草は植木鉢の中にも生えてくる。

そんな「植木鉢雑草」の第一人者がオニタビラコなのだ。

春夏秋冬問わず、あっちの植木鉢にもこっちの植木鉢にもオニタビラコがひょこひょこと生えてくる。それを私は年がら年中採ってはランチに食べる。オニタビラコが頭から離れないのはこのためだろう。

最近、「おすすめの野草はありますか?」と聞かれたときにも、私はいつものように「オニタビラコ」と答えた。

「オニタビラコってどれですか?」
と聞かれたので、最寄りのオニタビラコまで案内することになった。夏の終わりの夕暮れ時だった。

なにしろ、沖縄では三番目に多い草だ。オニタビラコは数メートル先の木々の周りに日差しを避けるようにしてたくさん生えていた。

「オニタビラコはイタリア料理に合うんですよ」

私がいつもの情報を伝えると、彼女は「わーっ」と歓声をあげるやいなや葉を一枚口に入れた。

「にがっ」

「やわらかいのを選ばないと」

私は最も内側に潜んでいる比較的緑色の濃い小さいけれども厚みのある葉をつまんでかじった。

「苦いですねえ」

私は日差しの強い季節もやわらかいオニタビラコをベランダで楽しく採集しているので、原野のオニタビラコのことをすっかり忘れていたようだ。

オニタビラコのピザ

材料

〈直径20センチ2枚分、トッピングは1枚分〉

【生地】

強力粉……60g

薄力粉……90g　または半分（45g）は全粒粉を使うとよい

塩……3g

水……160cc

ドライイースト……3g

オリーブオイル……10g

【トッピング】

オニタビラコ……大なら5〜6枚、小なら20枚くらい（苦いのでさっとゆでて水にさらし、しぼる）

トマト……2個

モッツァレラチーズ……50g

オリーブオイル……少々

作り方

1. 生地：センダングサパンと同じ。パン焼き機の生地コースで作る。
2. 打ち粉をした台の上で生地1/2を直径20センチにまるくのばす。これを2枚分行う。
3. 薄い輪切り、または、好きな大きさに切ったトマトを生地の上に敷き詰める。
4. オニタビラコの葉をちらす（半分）。
5. チーズをちらし､200°Cで約15分焼く。残り半分のオニタビラコをちらし、オリーブオイルをかける。

POINT

- 原野のオニタビラコはゴツくて苦みが強く、強い日差しで黄色くなっている。植木鉢のものは緑も濃く、やわらかく、ほんのりした苦みがおいしい。
- タンポポも同じように使える。

オニタビラコ入り キャベツのマリネ

材料

〈2人分〉

オニタビラコ……大10枚、小それ以上　タンポポでもOK。

キャベツ……大4枚　または小6枚

オリーブオイル……大さじ1

酢……小さじ1

塩……1つまみ

POINT

- ちょっと苦めのオニタビラコをキャベツに混ぜれば適度なスパイスに。時々遭遇する苦みを楽しんで。
- タンポポでもいい。

作り方

1 キャベツを粗い千切りにする。

2 オリーブオイルと酢、塩を混ぜ、キャベツにかけ、混ぜる。

3 キャベツがしんなりして透明に近くなるまでしばらくおく。

4 食べる直前にオニタビラコをキャベツに混ぜ合わせる。

09　野生化した栽培野菜

ツルムラサキ

DATA

科名：ツルムラサキ科

別名：セイロンホウレンソウ、インディアンホウレンソウ

主な効能：関節炎、風邪

特徴：つる性の一年草。長さ5～10センチの肉厚の葉はハート形から卵形で、先がとがり、茎に交互に付いている。葉や茎が緑色のものと赤みを帯びたものがあるが、性質に大きな違いはない。葉と葉の間から花茎を出し、白い小花をつける。

生育・採集場所：山地や空き地、畑、道端などで、他のものや植物に絡みついて自生。栽培もされる。

食べ方：どの葉も食べられる。さっと火を通して。

夏場の貴重なツルムラサキサマー

最近、畑を始めた。十畳ほどに仕切られた土地を間借りする市民農園だ。青菜は野草で賄ってきたが、それ以外の野菜もできるだけ健康なものにしたいと一念発起したのだ。といっても、草を邪魔者にする畑はやりたくなかった。というわけで、多少の土地改良は行ったが、耕さないで草を活用する自然農法に自ずからなった。様々な種をまき、苗を植えた。それなりに成功して収穫に至ったものもあったが、思った通り、かろうじて生き残ったようなそれらの収穫物よりも、隣に生える生き生きとした草たちに私は心を奪われるようになった。

「わー、イヌビユ、久しぶり！」

「わー、アキノノゲシがこんなにたくさん！」

やはり草というのは人が手を入れたところに生えてくるものなのだ。放っておかれた土地は背の高いイネ科植物でいっぱいになる。私は俄然畑が楽しくなってきた。 そして、その市民農園にはもう一つ、大きな付録が付いていた。目の前にあるサトウキビ畑がツルムラサキの宝庫だったのである。サトウキビの陰に隠れるように、根元に広大な面積のツルムラサキ畑が広がっている。サトウキビとサトウキビの間にどこまでも続くツルムラサキを確認したとき、私は「おおー」と歓声を上げた。というわけで、畑での収穫は作物1、畑の草2、ツルムラサキ3といったところだっただろうか。センダングサさえごわごわして食用にならない夏場は、ツルムラサキだけをとりに畑へ向かった。ツルムラサキは夏場のライフラインだった。

ところがだ。冬のある日、恐れていたことが起こった。巨大なブルドーザーが現われて、サトウキビをすべて収穫してしまったのだ。ツルムラサキたちも根こそぎ掘られて、道路に放り出されている。私は被害を免れたツルムラサキの株を私の畑に移植した。だが、枯れた。ベランダの植木鉢に移植したツルムラサキは肥料と水をたっぷりあげたためか、なんとか生きている。ヨモギのように無造作に植えて放っておけば根付くという感じではない。栽培種が野生化したものであるから、やはりそれなりに恵まれた環境が必要なようだ。たかが栽培種、されど栽培種。青菜の少ない夏は食べられる草も少ない。ツルムラサキさまさまだ。もう

一度サトウキビ畑が復活するのを願うばかりだ。サトウキビ畑だった土地は、半年休ませられたあと、秋にジャガイモ畑に生まれ変わった。

ツルムラサキのバター焼き

材料

〈2人分〉
ツルムラサキ　ぶ厚めのもの……約40g
卵……2個
バター（ツルムラサキ焼き用）……小さじ1
バターまたはオリーブオイル（卵用）……小さじ1
豆乳……大さじ2（オプション）
塩……少々

POINT

●ぶ厚い葉ならではのレシピ。肉厚でもちっとしたツルムラサキの食感がバターの濃厚さと合う。

作り方

1 フライパンにバターを溶かし、ツルムラサキをしんなりするまで両面とも焼く。塩をよくまぶす。

2 別のフライパンにバターまたはオリーブオイルをしき、溶いた卵（オプションで豆乳）を流し、軽く固まってきたらサクッとかき混ぜ、火を消す。塩をふりかける。

3 ②のスクランブルエッグをふちのほうから寄せ集めてツルムラサキに添える。卵を葉でくるんで食べるとおいしい。

ツルムラサキのキッシュ

材料

〈2人分〉
ツルムラサキ……50g
ジャガイモ……大2個
タマネギ……1個
卵……6個
塩……少々
コショウ……少々

POINT

●ツルムラサキのぬめりとしなやかさが生地によくなじむ。

作り方

1 ツルムラサキはゆでて絞り、2センチに切る。

2 タマネギは輪切りの薄切りにしてオリーブオイルで炒める。

3 ジャガイモは5センチのイチョウ切りにする。

4 型に油を塗ってタマネギとジャガイモを入れ、塩・コショウを加えた卵を流し入れ、ツルムラサキを乗せて200℃のオーブンで25分焼く。オーブンがない場合はフランパンで焼く。

ツルムラサキと豚ひき肉のスープ

材料

〈2人分〉
ツルムラサキ……15～20g
豚ひき肉……100g
水……カップ2
ニンニク……1片
モヤシ……1/2袋
塩……小さじ1/2
醤油……小さじ1/2
酒……大さじ1（オプション）

作り方

1　ニンニクをみじん切りにしてよく炒める。

2　ひき肉を加えて、パラパラになるまでよく炒め、酒を入れて吸収させる。

3　水を加えて沸騰したら、モヤシとツルムラサキを入れ、すぐに火を消して、塩と醤油で調味する。

POINT

- ツルムラサキの代わりにヨモギとも合いそう。
- ツルムラサキがこってりしたスープに清涼感を与える。
- 夏の終わりの体力をつけるレシピ。

10　食卓を盛り上げるハート形

スミレ
（リュウキュウコスミレ）

DATA

科名：スミレ科

方言名：スミリ

別名：ノジスミレ

主な効能：皮膚化膿症、腫れもの

特徴：草丈5～20センチの多年草。縦長のハート形の葉がこんもりと盛り上がり、その上に1・5～2センチの薄紫色の花を付ける。花の柄は根から直接出ている。花が咲いたあとの三つに分かれた実には種子がぎっしりと詰まっている。全体を貫く太い茎はない。

生育・採集場所：道端やコンクリートの側、公園や人家の木陰に割と簡単に見つかる。

食べ方：基本的に葉が柔らかいのでどの葉も生で食べられる。

町内の婦人会に参加していた頃、月に一度ほど公園内の花壇の草むしりに呼ばれた。総勢二十名くらいだっただろうか。赤やピンクの鮮やかな色の花たちを守るべく、センダングサやオニタビラコが容赦なく摘み取られていく。

ところがだ。「スミレはきれいだから残しとこうね」「そうね。残しとこうね」。こんな会話が思いがけなく耳に入ってきたのだ。え？　きれいなら

可憐な姿はうわべだけ？

残しておくの？　スミレは紫色だからきれいなの？　タンポポやセンダングサの花もきれいだと思うけど、だめ？　こんな言葉がつい頭の中に渦巻いた。雑草も見方によっては美しいとか、雑草も立派な植物だとか、さまざまな意見があるが、考えてみれば、どれも人間の立場からの独断と偏見だ。植物に言わせると、「私らはキミたちよりずっと前からこの世にいるのよ。勝手なこと言わないで」といったところだろうか。かくいう私も、スミレのことを心の奥底で特別扱いしている。自家製の「スミレのうた」ではスミレの可憐で弱々しい姿を「すみっこのプリンセス」と呼んだり、花と並んで可愛らしいハート型の葉には炒め物は避けて、葉を傷つけないサラダにしようという意識が働いたりする。実際にはスミレは雑草と呼ばれるだけあって見かけよりもたくましい。初夏のひからびた花壇で立派に花を咲かせている。真夏にセンダングサ畑の中にスミレの元気な株を見つけると、穏やかな気候になったらひょっこり現れるスミレのイメージがひっくりかえる。強い日差しを浴びたスミレのごつごつとした濃緑の葉はその強力な解毒作用にふさわしい姿である。たくさん収穫できたときは、肉炒めに加えてみてはいかが？

スミレの葉の目玉焼き

材料

〈2人分〉

スミレの葉……数枚

卵……1個

油……少々

塩……少々

POINT

- ハート形のスミレが卵と合わさってかわいらしい。
- スミレのぬめりが卵の味によくあい、栄養バランスもいい一品。

作り方

1 フライパンに油をひき、卵を割り、少し焼けたら水を少々加えて蒸すようにする。

2 卵の上にスミレの葉をかっこよく乗せ、卵に火が通るまで焼く。卵黄に穴をあけて黄身を広げるといいかも。

スミレの春雨サラダ

材料

〈2人分〉

スミレの葉……適量

春雨……100g

卵……2個

オリーブオイルまたはゴマ油……適量

酢……適量

塩……適量

作り方

1 春雨を3～4分間ゆで、ザルにあげる。

2 卵をかためのスクランブルエッグにする。

3 オリーブオイルと酢と塩適量でドレッシングを作り、①と②とスミレをあえる。

POINT

●カンタン！　キレイ！

スミレの中華風サラダ

材料

〈2人分〉
スミレの葉……数枚
キャベツ……カップ2
ワカメ……お好きなだけ
ゴマ油（煎り）……大さじ2
酢……少々（オプション）
塩……少々

作り方

1 キャベツを千切りにし、ゴマ油（+酢）と塩で和えてしんなりさせる。

2 ワカメとスミレの葉を加えてさっくりと混ぜる

POINT

●スミレのぬめりが中華風でピッタリ！

11　サクサクとした軽快な食感

アキノノゲシ

DATA

科名：キク科

方言名：ナガリール、インディーラ

主な効能：胃腸の調子を整える、健胃

特徴：草丈20～60センチの一年草または二年草。直立した太い茎に葉が交互についている。葉は長さ10～20センチの長い楕円形。縁には逆向きの深い切れ込みがあり、先はとがっている。葉は比較的柔らかい。薄い黄色のキクのような花を咲かせる。

生育・採集場所：空き地、道端。畑など、至るところに生えている。あまり群生していない。

食べ方：柔らかい若葉を摘み、さっとゆでて水にさらして苦みをとってから調理する。

長年食わず嫌いの野草だったが…

私には食わず嫌いの食べ物はないが、野草ではあえていえば、アキノノゲシかもしれない。とてもたくさん生えているのにあまり食べてないなあと長年気になり続けていたのがこの草だ。

その理由として思いつくことが三つある。一つ目は、苦みが強くて茹でないと食べられないこと。二つ目は似たようなキク科の草がたくさんあって見分けるのが面倒なこと。三つ目は、比較的点々と生えていてあまり群生していないので、一度にたくさん収穫できないこと。すべて私のずぼらさに起因する理由である。

しかし、畑をはじめてから事態は変化した。私が畑を借りている市民農園では多くの人が肥料を使っているが、その肥料に種が含まれているのか、さまざまな種類の草が生えてくる。そして秋から冬にかけての数週間、アキノノゲシが一斉を風靡する時期がある。その葉は原野のものよりも柔らかくて苦みが少なく、さっとゆでただけで食べられる。そして数分あれば山盛り収穫できる。毎週毎週アキノノゲシを食べているうちに、私はアキノノゲシのどんな料理にも合う万能さとさくさくとした心地いい食感を遂に知ったのである。その後は身近に生えているアキノノゲシもがんばって採集しようという気になってきたから不思議である。

アキノノゲシのスペイン風オムレツ

材料

〈2人分〉

アキノノゲシ……若葉1にぎり　ゆがいて水にさらす

タマネギ……大1/4個
　　　　　または小1/2個

ジャガイモ……120g

オリーブオイル……大さじ1

塩……少々

卵……2個

作り方

1 タマネギは薄くスライス、ジャガイモは極薄切りの輪切りにする。

2 タマネギとジャガイモを油で5分炒め、ふたをしてジャガイモがやわらかくなるまで10～15分焼き、塩を入れる。

3 卵を溶いて注ぎ、アキノノゲシを乗せ、底が固まったら平たいお皿を使ってひっくり返し、数分焼き、アキノノゲシの側を上にして盛りつける。

アキノノゲシのだし醤油和え

材料

〈2人分〉
アキノノゲシ……約30g
だし汁……適量（アキノノゲシになじませる程度）
醤油……小さじ2
白ゴマ……適量

POINT

- アキノノゲシはハルノノゲシと違って苦味があるが、それほどでもない。
- シャキシャキとした食感がおいしい。
- 甘みを少し加えると苦味が気にならなくなる。

作り方

1 アキノノゲシをさっとゆでて、水に1分ほどさらしてしぼる。

2 だし汁と醤油をアキノノゲシにかけて和える。

3 白ゴマを全体にまぶす。

アキノノゲシのゴマ和え

材料

〈2人分〉
アキノノゲシ……約40g
白ゴマ……小さじ2
ハチミツ または黒みつ または水あめ……小さじ1/2
醤油……小さじ1/2

作り方

1 アキノノゲシをさっとゆでて、さっと水にさらしてしぼり、小さく切る。

2 白ゴマをすり、ハチミツ（または黒みつまたは水あめ）と醤油、アキノノゲシを混ぜ入れる。

POINT

●苦味が水あめで緩和されて気にならなくなる。

12　本当にフキの味がする

ツワブキ

DATA

科名：キク科
方言名：チファファ、チーパッパー、チンパンプー、ツパパ、パッパー、ツブルングサ
別名：ツワ、カントウ、イワブキ、ヤマブキ
主な効能：皮膚病、魚の中毒、胃腸の不調、打身、咽喉痛
特徴：草丈30～80センチの多年草。直径約15センチの丸い葉がひしめき合っている。葉はつやと厚みがあり、茎は鉛筆くらいの太さで根から直接生えている。茎の断面には穴が空いていない。秋から冬にかけて黄色い小花を多くつける。
生育・採集場所：海岸付近の適度に日が当たり湿気のある場所や、山野の手前、道端の木の根元に自生する。庭園や玄関先でも栽培されている。
食べ方：細いものは5分ほどゆがき1時間ほど水にさらして使う。太い茎は皮をむいてから、細い茎はむかなくても。

夫が小学生の頃、義母と山へツワブキを取りに行っていたというので、詳しいことを聞こうとさっそく義母に電話してみた。

「ツワブキ？　こっちではツワっていうんだけど。ちょうど昨日食べたわよ。山をもってる友人がタケノコとツワブキをもってきてくれてね。おいしかった。皮をむくのがたいへんだし、手が真っ黒になるんだけどね」

義母と私をつなぐ野山の味

「スーパーで普通のフキも買えるでしょう？　どっちがおいしいですか？」と私。

そりゃあ、フキのほうが商品でおいしいわよ、という答えが返ってくるに違いない。ところがだ。

「それぞれのおいしさがあるのよ。フキはフキでおいしいし、ツワブキはツワブキで野生的な味がいいしね」

野山の味を受け入れて喜んでくれている様子に聞いていてうれしくなってきた。

何年も会っていない義母との距離が縮まったような気がした。

ツワブキは特に九州でよく食べられているという話を聞いたことがある。ツワブキを楽しむ生の声を聞いた私はそれに大いに納得した。

琉球列島ではツワブキは奄美諸島で比較的よく食べられていたという。レシピで紹介した黒糖菓子も奄美のものだ。

ツワブキを採集して鶏肉と煮たり佃煮にしたりして食べる習慣は義母の母から義母に伝わったらしいが、夫の代で途絶えようとしていた。

ツワブキ料理はこの電話一本で危うく嫁へと受け継がれたのである。

鶏もも肉とツワブキの煮もの

材料

〈2人分〉
ツワブキの茎……2～3本（直径1センチ弱）
鶏もも肉……100g
ニンジン……1/2本（約100g）
醤油……小さじ1
だし汁……カップ1
塩……少々
酒……大さじ1

作り方

1 ツワブキは鍋に入る長さに切り、さっとゆでて皮をむく。

2 塩を加えたお湯でツワブキを2分ほどゆで4～5センチの長さに切り、水に1時間さらしてアクを抜く。

3 乱切りにしたニンジン、ぶつ切りにした鶏もも肉、ツワブキ、だし汁、醤油、酒、塩を鍋に入れ、具材が柔らかくなるまで煮る。

POINT

●脂の少ない肉を使う場合は、油を少々加えるとよい。
●コンブ、ゴボウなどを加えても。

ツワブキの醤油和え&ゴマ油和え

材　料

〈2人分〉
ツワブキの茎……お好きな量
醤油、ゴマ油、塩……ツワブキの量次第

POINT

●伝統的には醤油と三温糖で甘辛く煮るきゃらぶきが知られているが、ツワブキの断面は透明感があってきれいなのでその美しさを生かしてシンプルに仕上げてみた。
●味も清涼感があって食欲が出る。

作り方

1 ツワブキは鍋に入る長さに切り、さっとゆがいて皮をむく。

2 塩を加えたお湯で2分ほどゆで、1時間水にさらす

3 斜め薄切りにする。

4 お好みで全体にまわる量の醤油で和えたり、ゴマ油と少々の塩で和えたりする。

ツバ菓子（ツワブキの黒糖まぶし）

材　料

〈2 人分〉
ツワブキの茎……30g
粉黒糖……60g
水……40cc
粉黒糖（まぶし用）……10g

POINT

- 昔は茶請け、みやげ物、贈り物としてよく作られた。今では忘れられた料理に。
- 昔は製糖工場からアメ状のものをもらってきて使っていたらしい。
- 沖縄・奄美諸島の料理。

作　り　方

1. ツワブキは 3 ～ 4 センチに切り、さっとゆがいて皮をむく。
2. 塩を加えたお湯で 2 分ほどゆで、4 ～ 5 センチの長さに切り、1 時間水にさらす。
3. 黒糖に水を加えてアメ状になるまで煮詰める。
4. ツワブキを入れて混ぜ、さらに水分を飛ばしたら火を止めて冷ます。
残りの黒糖をまぶす。

13　お料理のオシャレなアクセント

カタバミ

DATA

科名：カタバミ科
方言名：シーサアマサー、メーハジチャー、ヒアツク、ソーミナフサ
別名：スイモノグサ
主な効能：皮膚病、毒虫、痔、止血、咽頭痛
特徴：草丈約10センチ以内の多年草。一見クローバーに似ているが、葉は一回り小さくて色も薄く、茎が細くてひょろひょろしている。3枚の葉はハート形。茎は枝分かれしながら地面をはって広がる。茎の先に黄色い小花を数個咲かせる。花のあとには約2センチのロケット形の実を付け、種子を1メートル先まで飛ばす。
生育・採集場所：空き地、道端、庭、畑、植木鉢など、どこにでも生えている。
食べ方：柔らかい葉を摘み、生のまま少量使う。

フランス料理にも使われる野草

ドラマをみていたら、舞台であるフレンチレストランの料理にカタバミが使われていたということがあった。カタバミがフランス料理に使われると噂には聞いていたが、ゴールデンタイムのテレビ番組にカタバミが登場するとは驚きである。

「カタバミ」と「フランス料理」で検索してみた。すると、カタバミはネット上で少々注目を浴びていた。何とカタバミという名前のフレンチレストランも何軒か全国にあるようだ。

以前、武将が好んで使ったとされる家紋として時代劇に登場したこともあったし、草にしてはなかなか華やかな世界で活躍している。

我が家の植木鉢でひっそりと暮らしているカタバミたちに尋ねてみた。

「仲間が芸能界で活躍しているみたいだね。知ってる?」

「知らないよ」

無愛想な返事が返ってくる。

ネットで盛り上がっていたもう一つの話題にふれてみた。

「カタバミ君にはシュウ酸がたくさん含まれているから、あんまり食べない方がいいっていう話もあるけど、これについてはどう思う?」

「知るわけないだろー」

あまり人間とは関わりたくないといった雰囲気である。

これはたくさん食べないほうがいいかもしれない。

フランス料理のようにスープに数枚乗せるくらいにしておいたほうがよさそうである。

カタバミとサーモンとキャベツのサラダ

材料

〈2人分〉
カタバミ……2〜3g
サーモン……2切れ　100g
キャベツ……100g
オリーブオイル……大さじ1
酢またはレモン果汁など……小さじ1
小麦粉……少々
塩……少々

POINT

- カタバミは野原の調味料。レモンの絞り汁の代わりに使える。フライにそのまま乗せて食べてもいい。
- 酢やレモン果汁などで味付けした料理に加えると、連続性があってなじみやすい。カタバミの部分だけレモンを凝縮した感じの風味になる。

作り方

1 サーモンは食べやすい大きさに切り、軽く小麦粉と塩をまぶす。

2 ①を多めのオリーブオイルで両面とも焼く。

3 キャベツを千切りにし、オリーブオイルと酢またはレモン果汁などと塩少々で和える。

4 ③にサーモンと洗って水気を切ったカタバミを加えて混ぜ合わせる。

大根の浅漬け カタバミ風味

材料

〈2人分〉
カタバミ……1〜2g
大根……約80g
塩……適量

作り方

1 大根は薄めのイチョウ切りにし、塩もみをしてしばらく置く。

2 大根がしんなりとしたら水気をしぼる。

3 カタバミを大根に加えてひともみする。

POINT

- 漬物にカタバミの緑色とさわやかな風味をプラスしてフレッシュな印象に。栄養価もアップ。
- 他の野菜にも応用できる。ニンジンなど。

14　魚介類におすすめ

ウイキョウ

DATA

科名：セリ科
方言名：ウィチョー、ウイチョーバー、ニーズンキョー
別名：フェンネル
主な効能：胃腸の不調、寒さによる痛み
特徴：草丈1～2メートルの多年草。線状の黄緑色の葉は密集しているが、糸のように細く、背景に他の植物があると存在がわからないほど目立たない。茎は最初まっすぐ伸びるが、途中で枝分かれし、各枝の先にまばたく小さな星が円形に集まった花火のような小花を咲かせる。各小花はやがて薄緑色の種子になり、最後には茶色く熟す。
生育・採集場所：沖縄では主に栽培される。適度に日当たりが良く、風通しの良いところで栽培。
食べ方：柔らかい葉と茎を生か、さっと火を通していただく。

西洋ハーブ？　それとも沖縄の薬草？

　私がはじめてウイキョウに出会ったのはアメリカに住んでいたときだ。アメリカではウイキョウはフェンネルと呼ばれていた。なかでもフローレンス・フェンネルと呼ばれる茎が丸く肥大したフェンネルがスーパーによく出回っていた。甘くて柔らかい風味を持つこのフローレンス・フェンネルは最近沖縄でもたまに見かけるようになった。茎や葉をスープに入れたりサラダにしたりして、アメリカでは毎日のように食べたものだ。ニューヨーク・マンハッタンのど真ん中でである。それくらい普通の野菜なのだ。また、フェンネルは西洋ハーブの一つであり、フェンネル・ティーやフェンネル・エキス入り歯磨きなど、ハーブ製品も多数売られていた。

　そして、沖縄に来た私は、フェンネルが沖縄でウイキョウとして昔から広く親しまれてきたことを知った。沖縄ではウイキョウは醤油味の魚汁に入れられたり、ソーメンとチャンプルーにされたりする。いままでもっぱらオリーブオイルやバターで料理してきた私にとってこれはカルチャーショックだった。

　少し話がそれるが、沖縄のフダンソウもスイス・チャードという名前でアメリカでよく食べていた。これが味噌汁に入れられているのをみたときもびっくりしたものだった。ウイキョウもフダンソウもヨーロッパ原産の植物だ。おそらく中国経由で沖縄に伝わったのだろう。

　植物に関して言えば、私たちが想像する以上にずっと昔から世の中はグローバル社会だったのであろう。ウイキョウもフダンソウもまるで大昔から沖縄にあったように、沖縄にすっと馴染んでいる。これはすごいことだ。

　そして、そんな植物や野菜はほかにもたくさんある。沖縄には「西洋ハーブ好き」と「沖縄の野草好き」と、私のようにどちらも好きな「草好き」が存在する。西洋ハーブ好きに聞かれたら、「ウイキョウは西洋ハーブだよ」と答え、沖縄の野草好きに聞かれたら、「ウイキョウは沖縄の薬草だよ」と私は答える。

　ベランダのウイキョウを難しい顔で眺めていたら、ウイキョウがこう言ってきた。

「原産地？　そんなのどうでもいいよ。ぼくがいま生えているところがふるさとさ。醤油でもオリーブオイルでもサルサでも豆板醤でもどんと来いだ！」

エビとウイキョウのコールスローサラダ

材料

〈2人分〉
ウイキョウ……3本
キャベツ……カップ2
エビ……70g
オリーブオイル……大さじ2
酢……大さじ1
塩……適量

POINT

- ウイキョウのさわやかさは魚介類ととても合う。

作り方

1 キャベツを粗い千切りにする。

2 エビはさっとゆでて火を通す。

3 オリーブオイルに酢と塩と乱切りウイキョウ2本分を混ぜ合わせ、エビを加えて、エビに味をなじませるように、しばらく置く。

4 キャベツを加えて混ぜる。上にウイキョウを乗せる。

ウイキョウの魚汁

材料

〈2人分〉
ウイキョウ……10g～適量
魚の切り身……100g
水……2カップ
酒……大さじ1/2（オプション）
塩……小さじ1/4弱
醤油……少々（香りづけ程度）

POINT

- 醤油を入れなくてもいい。
- 昔の沖縄でよく作られたレシピ。
- ウイキョウはニガナと共に魚料理に良く使われた。
- ウイキョウは頭痛薬や魚の臭い消しにも使われた。

作り方

1 魚を分量の水と酒でアクを取りながら煮立てる。

2 火が通ったら、手でちぎったウイキョウを入れ、ひと煮立ちさせて火を止める。

3 塩と醤油を少々加える。

15　原始的ホウレンソウ

イヌビユ

DATA

科名：ヒユ科

方言名：アカフィーナ

特徴：草丈20〜60センチの一年草。長い柄に葉が交互につき、丸みを帯びた葉は長さ3〜6センチ程度で、葉の付け根から伸びた穂に小さい花をたくさんつける。

生育・採集場所：畑、空き地、道端など。

食べ方：柔らかい葉を選び、さっとゆでて水にさらしてから使う。

イヌビユはほうれん草と同じヒユ科の植物である。
味もほうれん草によく似ている。
「草を食べる醍醐味はその野生的な味よ」
と豪語している私だが、イヌビユと聞くと少し目の色が変わる。
ほうれん草と比べて格段に小さな葉を、心の中で「ほうれん草、ほうれん草」とつぶやきながら収穫にいそしむ様は我ながらけなげである。
ほうれん草と言えば、一昔前のクセの強い品種をいまでも時折見かけることがある。
イヌビユの味はそうした改良度の低いほうれん草に似ていると言っていいだろう。

スーパーの野菜も元は草だった

イヌビユの存在はスーパーの野菜も元をたどれば草であったと実感させてくれる。
「草なんてまずくて食べられないよ」という人にはぜひイヌビユを食べてほしい。きっと「草とは何ぞや」と考えるきっかけになるだろう。

イヌビユの冷ややっこ（または湯豆腐）

材料

〈2人分〉

イヌビユ……12g

絹ごし豆腐または島豆腐……お好みの量

花カツオ……適量

醤油……適量

POINT

- イヌビユの裏の葉脈の美しさを生かしたレシピ。
- ホウレンソウと同じヒユ科で味もホウレンソウに似ていて食べやすいし、シャリシャリした食感があっておいしい。

作り方

1 イヌビユをたっぷりの水でさっとゆがき、水にさらす。

2 冷えた豆腐または湯豆腐の上にイヌビユを裏返しにして乗せる。

3 カツオぶしを添え、醤油をかけていただく。

イヌビユのゴマ和えとゴマ味噌和え

材料

〈2人分〉

【ゴマ和え】

イヌビユ……30g

だし汁……少々

塩……少々

すりゴマ……小さじ4

【味噌和え】

イヌビユ……30g

味噌……小さじ1

すりゴマ……小さじ4

ハチミツまたは水あめ……少々（オプション）

POINT

●二つとも宮古で食べられたレシピ。ただし、味噌和えには酢も加えていたらしい。
●だし汁は、カツオぶしの刻みを加えてもOK。
●他の草でも代用できる。アキノノゲシなど。

作り方

【ゴマ和え】

1 イヌビユをさっとゆでて水にさらし、しぼり、食べやすい大きさに切る。

2 残りの材料と和える。

【味噌和え】

1 イヌビユをさっとゆでて水にさらし、しぼり、食べやすい大きさに切る。

2 味噌に少々水を加えてペースト状にし、すりゴマを加え、イヌビユと和える。

16　海辺のキラキラホウレンソウ

ツルナ

DATA

科名：ハマミズナ科（ツルナ科）
方言名：チルナ、ハマンスナ
別名：ハマヂシャ、ヤマヂシャ
主な効能：胃炎、胃腸の不調
特徴：草丈10～60センチの多年草。地面を蔓状に這いながら、横に広がる茎は長さ60センチ前後。茎の先は斜めに緩やかに立ち上がる。茎に交互につく3～10センチ葉は丸みを帯びた三角形からひし形で、厚みがあり、表面の細かい突起がきらきら光っている。触れるとざらざらした感触。葉の脇に目立たない黄色い小花をつける。
生育・採集場所：海岸から少し離れた岩場沿いの砂地に多く自生。多くの場合、他の植物から離れて大小の群落を作っている。野菜として栽培されることもある。
食べ方：なるべく若い柔らかい葉を選ぼう。しばらくゆでて、水にさらす。

絶滅寸前の海岸植物

　十年前、知念に住んでいた頃、海岸へ向かう海辺近くの空き地にはツルナが沢山生えていた。海辺の草原は内陸の草原と違って、草花が生い茂るというより、乾燥してひび割れた地肌の中に草花が点在しているといった様子である。草の種類もまったく異なるので面白い。太陽のもとでキラキラと光るツルナやビロードのような葉をもつハマゴウ、派手な様相や野草の常識を覆す形をした植物が多いのも魅力である。ところがだ。知念の海辺では整備事業がすさまじい勢いで進められ、私が食料としていたツルナの株はほぼすべてコンクリートに息の根を止められてしまった。ニガナのように岩の割れ目やコンクリートの隙間から芽を出す性質はないので、絶滅寸前の危機であると言ってよいだろう。近年は野菜としてファーマーズマーケットなどで見かけることもあるが、ニガナほど栽培者は多くない。もし野生のツルナをみつけたら、茎からポキッと折って土にさしてみよう。頻繁に水をあげていれば、七割くらいの確率で根っこが出てくる。

　ツルナに限らず、海辺の植物は生息地が限られているので、特に大切にしなければならないと思う。海辺の植物が息絶えても生態系が大きく乱れることはないのかもしれない。だからといって、海と砂とコンクリートがある風景で、海さえ守ればよいのだろうか。ツルナを探しながら、そして、ツルナを食べながら、沖縄の人々に今一度考えてもらいたい。

ツルナのスクランブルエッグ

材料

〈2人分〉
ツルナ……約30枚（少なくてもよい）
卵……3個
塩……少々
油……小さじ1

作り方

1 ツルナはたっぷりのお湯でしばらくゆで、水にさらしてしぼる。

2 油をしいたフライパンにツルナを入れ、油をなじませる。

3 溶き卵を流し入れ、弱火の状態で箸でゆっくりとふちから順に全体的にかき混ぜ続ける。

4 クリーム状よりほんの少し固まったところで火を止める。

POINT

●ツルナのシャキシャキ感がとろける卵とよく合う。

17　ご飯によく合う

インドヨメナ

DATA

科名：キク科
方言名：ヌヂク、ノヂク、ユミナ
別名：コヨメナ
主な効能：神経痛、出血、熱、皮膚病
特徴：草丈30〜50センチの多年草。薄紫色の花は直径2・5センチ程度のキクのような小花を咲かせるが、すでに花びらが落ちた状態のものが目立つ。長さ7〜10センチの葉は、長楕円形で、縁にぎざぎざがあり、茎に交互につく。
生育・採集場所：大きな木の下を囲むように半径1〜2メートルの円状に美しく群生している草を見つけたら、インドヨメナかも。公園や校庭、駐車場や建物の脇の草むらなどに自生。
食べ方：柔らかい若葉を摘み、熱湯でさっとゆでてから、しばらく水にさらしてからいただく。

ヨメナご飯は野草愛好家の中でもおいしいと評判の長く愛され続ける一品である。

沖縄ではヨメナの季節は冬から春にかけてだが、一足早く春のさわやかさを感じることができるのがヨメナご飯だ。

ヨメナは行きつけの採集場所で

ヨメナは原野での採集が基本である。だが、これがなかなか難しい。先日散歩の途中、道ばたでヨメナらしき若芽の群れを発見した。大きさ、形、色、葉脈、厚さ、どれをとってもヨメナの若葉によく似ている。

試しに葉を茹でて、ほんのひとつまみ食べてみると、あまりに苦くてギョエっと吐き出した。そして、念のため採ってきた苗を育ててみると、生長するについてヨメナとはまったく異なった姿に変貌していったのである。ほかの草は行き当たりばったりの縄文式採集でよいが、ヨメナに関しては弥生式採集が良いようだ。

花を見てヨメナであることを確認し、季節が変わって若芽が出たら、それを摘む。私の行きつけの採集場所は公園の一角だが、夏になるとヨメナたちはセンダングサに覆われて姿を消す。

センダングサもか弱くなる初冬、その地にヨメナが一斉に芽を出すことを知っているのはおそらく私だけだろう。

インドヨメナごはん

材料

〈2人分〉
インドヨメナ……4g
ごはん……2杯分
塩……少々

作り方

1 インドヨメナをさっとゆでで水にさらし、しぼり、みじん切りにする。やわらかい若葉なら塩もみでもいい。

2 ごはんに塩をふり、ヨメナを混ぜ込む。

18　海辺のスパイス

ハママーチ
（リュウキュウヨモギ）

DATA

科名：キク科

方言名：インチングサ

主な効能：黄疸、肝臓病、腎臓病

特徴：草丈20〜70センチの多年草。茎が木質。横に枝を伸ばして広がり、茎の上部をにゅっと持ち上げている。長さ2〜5センチの線状の肉厚で柔らかい葉がひしめき合って枝についている。穂状で薄茶色の地味な花を咲かせる。

生育・採集場所：久米島、慶良間島、奥武島などの海岸砂地を這う。野生ではみられなくなっている。栽培は簡単で、茎を土にさして水をかけていればすぐに根付く。

食べ方：生か、さっと火を通して料理に使う。

沖縄制覇も夢じゃない生命力

私は最近八重瀬町の西部プラザ公園内に身近な薬草やハーブを植える活動を始めた。よほどの干ばつでない限り、夏場も水を与えられない環境のなかで耐え抜くことが花壇に残る条件である。過酷かつ自然な花壇なのだ。

さて、現在植物が植えられている50あまりの花壇のなかでも特に生命力にあふれ、見応えのあるもののひとつがこのハママーチである。ずぼらでせこいこの花壇の責任者（私）はたまにしか水をあげないし、苗も二本ほどしか植えない。これもすべて植物の力を信じているからである。そして、ハママーチは期待以上に大きく生長した。10センチ足らずの二本の苗が半年で1メートル四方の花壇をクジャクの羽根のようにわっさわっさと覆うまでになった。もし花壇の枠がなかったら、数年で園内を埋め尽くすかもしれない。ハママーチはもともと海辺の植物だが、野生のハママーチはかなり減ってきているという。実際私も見たことがない。過去の薬草ブームで取り尽くされた結果だというが本当だろうか？ 私が育てているハママーチは元はと言えばファーマーズマーケットで食用に売られていたものである。根っこはついていたが、ほぼ乾燥してしなっとしていた。そこからなんなく復活したハママーチ。いまではクジャクの羽根の大きさにまで生長した。ポキッと茎を折って土にさしてもすぐに根が出てくる。面白くてつい食べるのを忘れてしまうほどである。

さわやかキュウリとササミのハママーチサラダ

材料

〈2人分〉
ハママーチ……適量
ササミ……100g
キュウリ……1本
ゴマ油（炒り）……大さじ1
四季柑果汁またはシークヮーサー果汁……小さじ1
塩……少々
キクラゲ……1枚（オプション）

作り方

1 キュウリを薄くスライスし、千切りか好きな大きさに切る。

2 キュウリに塩をまぶし、20〜30分おいて、しぼる。

3 ササミはゆでて小さく裂く。

4 ゴマ油、四季柑果汁、塩を混ぜ合わせ、キュウリとササミを加えて軽く混ぜる。

5 もしあれば、ゆでて細切りにしたキクラゲを混ぜる。

6 ハママーチを3センチ長に切って和える。

POINT

- 夏にぴったり！
- ハママーチとササミは抜群の相性。
- ハママーチの独特な風味はエスニックな雰囲気もある。タイ料理などにも合いそう。
- たれを多くしてトマトなどを加えて麺にかけると冷やし中華風にもなる。

19　意外な珍味

タイワンハチジョウナ

DATA

科名：キク科

方言名：ビキスルナ

特徴：草丈約20～60センチ前後の一年草または二年草。時には1メートル。大きくなるにつれて直立した茎に葉が交互についている。長さ10～20センチの葉は細長く、縁が赤紫色でぎざぎざしている。葉の色は薄めの緑色で表面にはあまりつやがない。黄色いキクのような花をつける。

生育・採集場所：空き地、道端、畑など、どこにでも。アキノノゲシと一緒に生えていることが多い気がする。

食べ方：若葉を摘み、多めのお湯でさっとゆで、水にさらして苦みをとってから調理する。

秘めた可能性をもつ無名の存在?

1位オニタビラコ、2位タイワンハチジョウナ、3位カタバミ。

さあ、これは一体何のランキングでしょう? ちなみに私が勝手に考えたランキングだ。

答えは、「名前はよく知られていないのにたくさん生えている野草」である。沖縄に入ってきた時期が遅かったとか、あまりにも地味すぎて目に入らないとか、理由はいろいろあるだろうが、よくわからない。

とにかく、タイワンハチジョウナが食べられると知ったその日から私の周りにたくさん生えていることを認識した。アキノノゲシかなあと思っていたら、生長してみたらタイワンハチジョウナだった、ということもたびたびある。

アキノノゲシと違う点は、葉っぱのギザギザが鋭く、葉の縁だけが微妙に赤いということである。アキノノゲシと違って表面が少しがさがさしていて、少し色あせたような緑色をしている。タイワンハチジョウナの「ナ」という字がいかにも食べられそうで美味しそうな響きだ。「タイワン」ということでアジア系のレシピにしてみたが、実はヨーロッパ原産だそうだ。もしかすると、オリーブオイルやトマト、ガーリックにも合うかもしれない。今後の活躍が楽しみな野草である。

タイワンハチジョウナのかき玉汁

材料

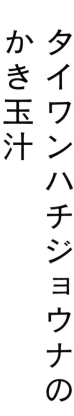

〈2人分〉
タイワンハチジョウナ　若葉……約6枚
卵……1個
だし汁（カツオぶし）……約240cc
味噌……適量

作り方

1 タイワンハチジョウナは多めのお湯で数分ゆで、水にさらす。

2 だし汁を沸騰させ、とき卵を少しずつ流し入れる。

3 卵が固まったら、ひと混ぜして、タイワンハチジョウナを加えてすぐ火を止める。

POINT

●苦いのが気になる場合は小さく約1センチに切るとよい。歯ごたえが美味。

20　繊細な風味のサラダ野菜

スズメノエンドウ

DATA

科名：マメ科
方言名：ガラサマミ
主な効能：血行促進、解熱、胃腸の働きを高める
特徴：長さ30～40センチの一年草。先端が細かく縮れたつる状になった細い茎（ひげ）を四方八方に延ばしながら増えていく。茎から伸びる葉茎には、長さ1～1・5センチの細長い楕円形の葉がついている。葉茎と同じ所からさらに短めの茎を伸ばし、その先に薄紫の小花を数個咲かせる。それがのちに5ミリ強のマメのさやとなっている。
生育・採集場所：畑や空き地、道端に群生している。
食べ方：葉とさやと花のやわらかい部分が食べられる。つるの先の特に柔らかいところだけをつまんで集めるとよい。さっと火を通すか生で。

初春の草原を覆い尽くす可憐な野草

雑草の中には1年のある時期になるとあちらこちらの道ばたや草むらを覆い尽くすという不思議な性質をもつものがいくつかある。スズメノエンドウはそのひとつである。

2月の終わり頃になるとどこもかしこもスズメノエンドウであふれかえる。見慣れた空き地がいつになくふわふわ、もやもやとしているなと思ったら近づいてみよう。

きっとスズメノエンドウの可憐なつるが作り出す小山が空き地全体に連なっているに違いない。

さっとゆでたサヤインゲンのようなフレッシュなマメの味を味わうにはスズメノエンドウの先端の柔らかい部分を採集する必要がある。それを一握り集めるには10分はかかる。広いスズメノエンドウ畑をさまよいながら瞑想気分で採集してみよう。

スズメノエンドウとカリフラワーのサラダ

材料

〈2人分〉
スズメノエンドウ　上部のやわらかい部分……軽くひとにぎり
カリフラワー……小1
オリーブオイル……小さじ1
酢……小さじ1/2
シークヮーサー果汁……小さじ1/2
塩……少々
ニンニク……1/4片　すりおろし（オプション）

作り方

1　カリフラワーを色よくさっとゆでる。

2　オリーブオイル、酢、シークヮーサー果汁、塩を混ぜ合わせてドレッシングを作り、その中に水気を切ったカリフラワーを混ぜ合わせる。

3　スズメノエンドウを食べる直前に混ぜ合わせる。

POINT

- 豆の風味を味わいたい人はカリフラワーを少なめ、ドレッシングを少なめに。
- チリチリした食感が楽しめるレシピ。

21　ポスト・クレソン

タネツケバナ

DATA

科名：アブラナ科

主な効能：利尿作用、膀胱炎、むくみの解消、消化促進

特徴：草丈約10センチの一年草。細い茎に葉柄が交互につく。一本の葉柄からは長さ約1センチのミトンのような形の小葉が5～7枚ついている。白い小さな花が咲く。花のあとにつく細長い実が印象的。

生育・採集場所：本土では至るところで見られるようだが、沖縄では主に植木鉢の中に生える。

食べ方：全草、生で食べられる。固い場合はゆでてもいい。

土を買うとついてくるピリ辛野草

タネツケバナを沖縄の原野で見かけたことはない。じゃあどこに生えているのか。ベランダの植木鉢の中である。園芸屋で買った土から続々と生えてくる。

本土ではタネツケバナは田んぼや道ばたに生えているというが、その土は本土から来たのだろうか？ 土の購入先に尋ねてみた。

「種が含まれているとしたらピートモスですね。ヨーロッパ原産のものです」とお店の人。

「え？ 種ってそんなに自由に持ち込まれていいものなんですか？」と私はとっさに思ったが声にならなかった。

考えてみれば、知らぬ間に日本に持ち込まれた野草の種はごまんとある。今日野草と聞いてすぐに思い浮かぶクローバーやセイヨウタンポポももとはといえば西洋のものである。タネツケバナも今後沖縄の人の心の友になるかもしれないのだ。広い心でタネツケバナを活用していこう！

というわけでタネツケバナはこの本に掲載される運びとなったのである。

タネツケバナと納豆のソーメンサラダ

材　料

〈2人分〉

タネツケバナ……5～７本

ソーメン……1束　100g

ゴマ油……小さじ1～2

醤油……小さじ1/2

シークヮーサー果汁または四季柑果汁……小さじ2

納豆……30g

醤油……小さじ1/2

プチトマト……5個

作り方

1　ソーメンをゆで、冷水にさらす。

2　ゴマ油、醤油、シークヮーサー果汁または四季柑果汁を混ぜ、ソーメンを和える。

3　納豆に醤油を混ぜ、ソーメンに乗せる。

4　プチトマトとタネツケバナをソーメンに乗せる。

POINT

●植木鉢野草のひとつ。クレソンやマスタードのように薬味として使えて重宝。

【野草各種】

グルクンのかまぼこ焼き（つみれ焼き）野草入り

材料

〈2人分〉

野草各種　ヨモギ、サクナ、センダングサなど
……5～15g（15gでは結構味が強くなる）

グルクンほかお好きな魚……200g

片栗粉またはもち粉……小さじ2

小麦粉または片栗粉またはもち粉（まぶし用）
……適量

塩……適量

ゴマ油（無色）……適量

シークワーサー果汁または四季柑果汁……少々

作り方

1　グルクンはよく水気を切り、身をこそげ取り、塩適量と片栗粉と野草のみじん切りを加えてこねる。

2　グルクンのすり身を3～4センチ、厚さ1～2センチに丸め、表面に粉をまぶす。

3　フライパンに多めの油をひき、両面をこんがりと焼き、シークワーサー果汁などをかける。

POINT

- だんごやかまぼこと同じ材料で作るシンプルな焼きもの。
- おつゆに入れても OK。
- 野草が魚の臭みを和らげる。結構たくさん野草を入れてもきつくない。たくさん野草を食べたいときに good ！
- 粉はお好きなものを。グルテンの少ない粉だとパリッと仕上がる。

副菜・サラダ・和え物など《洋風》

汁物

おやつ

献立別索引

あとがき

この本は私にとって初めての写真付きの料理本です。普通はカメラマンに数日ですべての料理写真を撮ってもらうらしいのですが、採集時期がそれぞれ異なる野草を一気に揃えることはできません。初めての自宅撮影ということで、そのための様々な準備や勉強に長い歳月を費やし、ようやくたどり着いたレシピ作りと撮影にこれまた長い長い歳月を要した今回の本作りでした。それにお付き合いいただいたボーダーインクの喜納さんにはどれだけ感謝しても感謝し尽くせません。本当にありがとうございました。

そして、私が作った料理をお皿に盛り付け、私がクロスを選んでお皿をレイアウトしたあと写真を撮影してくれた娘にお礼を言いたいと思います。二人での連携プレーがなつかしく思い出されます。料理が好きな娘は今回の本作りで頼りになる相談相手でした。

人間の手が加えられていない野生の植物には現代社会に疲れた心を癒す力があると思います。野草料理をとおして日々野草に触れることで皆さんが心身ともにすこやかになられるよう願っています。そして、ここ沖縄でも刻々と失われつつある自然のありがたさに思いをはせていただければ嬉しく思います。

大滝 百合子（おおたき　ゆりこ）

筑波大学人間学類卒、マサチューセッツ大学社会学部卒、コロンビア大学大学院社会学部博士課程中退、上海中医薬大学付属日本校中医学科卒。アメリカを中心に世界各地で再生しつつあるワイズウーマン（自然の摂理に通じた太古の賢女＝緑の魔女）流ハーバリズムの日本での普及を目指し、社会学・人類学的観点を交えながら食事、ハーブ、薬草関係の翻訳著述を行う。ハーブ・薬草の使用やふれあいを通して自然に対する原始人的理解を育むことに特に関心がある。これからも、自然のしもべとして師の価値や偉大さを少しでも後世に伝えていきたいと願っている。

【著書】
『おきなわ野の薬草ガイド』（ボーダーインク）
『野の薬草、食べ物を使った　手づくり化粧品レシピブック』（ボーダーインク）
『本物の自然療法―自然に生きる人間本来の病気観』（フレグランスジャーナル社）
『美肌をつくるキッチンコスメ―スーパーの食材でOK！』（主婦と生活社）
【共著】
『本物の自然食を作る―レシピ集』（春秋社）
『自然史食事学―自然の歴史に学ぶ最高の食事法』（春秋社）
【訳書】
『ヒーリングワイズ―女性のための賢い癒し術』（フレグランスジャーナル社）
『ストレスに効くハーブガイド』（フレグランスジャーナル社）
『本物の自然化粧品を選ぶ―完全ナチュラルコスメ宣言』（春秋社）
『メディカルハーブレシピ』（東京堂出版）
【共訳書】
『ガン代替療法のすべて―ガン治療の真髄に迫る』（春秋社）

写真　大滝月子

野草がおいしい
おきなわ 野の薬草　基本料理レシピ

2023年8月22日　初版第一刷発行

著　者　大滝　百合子
発行者　池宮　紀子
発行所　（有）ボーダーインク
〒902-0076　沖縄県那覇市与儀226-3
tel.098（835）2777　fax.098（835）2840
印刷所　でいご印刷
ISBN978-4-89982-451-0　

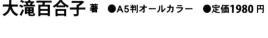